북한을 알아가면 좋겠다

북한을 알아가면 좋겠다

체제와 시장의 역설

초판 1쇄 인쇄 2025년 12월 17일
초판 1쇄 발행 2025년 12월 24일

지은이 권숙도
펴낸이 소재두
펴낸곳 논형
편 집 소상호 심재진

출판등록 제386-3200000251002003000019호 2003년 3월 5일
주 소 경기도 부천시 소사구 성주로 66, 2-806
전자우편 jdso6313@naver.com 전화번호 02-887-3561
팩 스 02-887-6900 정 가 18,000원
ISBN 978-89-6357-908-5 03300

북한을 알아가면 좋겠다

체제와 시장의 역설

권숙도 지음

| 들어가며 |

북한은 우리에게 한편으로는 친밀하면서도 다른 한편으로는 너무나 이질적인 이웃이다. '친밀하다'와 '이질적이다'라는 몹시 모순적인 두 단어가 그만큼 잘 들어맞는 것은 바로 그 대상이 북한이기 때문에 가능한 일일 것이다.

북한은 한편으로는 우리와 한 민족이며, 통일을 같이 이야기하는 상대이다. 실제로도 아직까지 많은 이산가족들이 서로를 그리워하며 살고 있다. 우리 땅에 정착한 3만 4천여 명의 북한이탈주민들도 북에 두고 온 가족과 친구들을 만날 날을 기다리고 있다. 이처럼 북한과 우리는 문화적으로나 언어적으로나 이질성이 심화되고 있기는 하지만, 여전히 같은 명절을 보내고 같은 음식들을 먹으며, 또 무엇보다도 같은 언어를 사용하고 있는 민족이다.

하지만 다른 면에서 북한은 우리와는 매우 다른, 단순히 그냥 다른 정도가 아닌 몹시 이질적인 대상이기도 하다. 근대 국민국가nation state에서 찾아보기 어려운 세습체제, 김정은으로 이어져 온 3대 세습체제는 점점 강고해져 일당 전체주의적 성격이 두드러지게 나타나고 있다. 또한 국제사회에서는 다른 국가들과의 갈등을 무릅쓰고 핵·미사일 개발을 통해 자신들의 영향력을 확보하려 하고 있다. 여기에 더 나아가 최근에는 러시아-우크라이나 전쟁에 무기를 지원하고 군을 파병하는 등 국제사회의 대대적인 비난을 감수하면서도 러시아와의 동맹관계 우선의 태도를 보여주고 있다. 이러한 북한의 태도는 단순히 체제유지라는 이유만으로는 이해하기 쉽지 않은 것이 사실이다.

이처럼 북한은 내부적으로 에너지와 식량, 소비품 등 주요 경제지표가 좋지 않은 상황임이 분명한데도 정치·군사적인 도발을 지속하고 있으며, 다른 한편으로는 국제사회의 주요 구성원인양 유엔UN 인권협약이나 파리기후협정 등에 참여하고 있기도 하다. 이러한 북한의 모습은 우리와는 너무 다른 이질적인 모습이라 할 것이다.

저자는 2018년 8월부터 국립통일교육원현 국립평화통일민주교육원에 재직하면서 통일교육 일선에서 활동하고 있다. 그간 현장에서 중·고등학생들부터 차세대 주역인 대학생들, 주요 기관과 사회단체의 교육생들과 공무원들을 만나면서 느낀 점은 아직 대부분의 사람들이 북한을 제대로 '모르고' 있거나 '잘못' 알고 있다는 점이었다. 북한의 내부 시스템이 어떠하며 북한의 정치체제는 어떻게 운영되고 있는지, 북한의 경제 현실은 실제로 어떠하며, 주민들은 어떤 모습으로 살아가고 있는지를 제대로 알지 못하는 상황에서 뉴스를 통해, 또 주변 이들과의 대화를 통해 북한과 북한주민들을 판단하고 있다는 점이었다. 그리고 이러한 북한에 대한 우리의 몰이해나 무지는 남북관계의 상황 변화에 따라 북한에 대한 국민들의 인식이나 태도가 크게 변화하는 데에도 영향을 미쳐왔다. 한편으로 자연스러운 일이기도 하나 남북관계가 우호적이거나 경색되는 국면에 따라 국민들의 북한에 대한 태도도 극단적인 모습을 보이게 되고, 장기간에 걸친 이러한 북한에 대한 태도와 인식 변화는 결국 우리 사회 내부의 남남갈등의 공고화에 영향을 미쳐왔다.

이러한 경험과 문제 의식 속에서 이 책은 "어떻게 하면 많은 사람들이 북한을 조금 더 잘 알아가는데 도움이 될 수 있을까?"라는 고민에서 시작되었다. 북한의 정치체제, 경제체제가 어떠한 모습인지를 제대로 이해하고 그 속에서 북한 주민들이 어떤 생각을 가지고 생활하는지를 점점 더 알아가게 된다면, 변화하는 남북관계 속에서도 우리는 조금 더 흔들림없는 관점에서 북한의 모습을 바라보고 판단할 수 있을 것이기 때문이다.

'북한을 조금 더 알아간다'는 표현이 과연 북한 이해에 대한 범위와 수준, 내용을 포함하는데 적합한 용어인지에 대해서는 고민이 있지만, 현재 '남남갈등'이라는 극단적 용어로 표현되는 우리 사회의 심각한 이념갈등을 생각한다면 조금 더 잘 알아가게 된다는 표현만큼 적합한 표현은 또 없다는 것이 저자의 생각이다.

이에 이 책은 북한을 잘 알아가자는 고민을 『북한을 알아가면 좋겠다』라는 제목에 담아 보았다. 누구나 북한을 알고 있고 자신들만의 방식으로 인식하고 있지만, 다시 제대로 북한을 조금 더 잘 알아보자는 문제의식을 담은 제목인 것이다. 그리고 책의 실질적 내용을 관통하는 부제로는 '체제와 시장의 역설'을 선택하였다. 온통 모순 덩어리로 보이는 북한의 모습을, 그 북한체제의 구조를 말 그대로 슬기롭게 이해하는 데 '체제와 시장의 역설'만큼 적합한 표현이 없다고 생각했기 때문이다.

북한에서는 장기간 사회주의 체제를 유지하고 김씨 일가의 세습체제를 지속하려는 노력과 개혁·개방을 통해 경제성장을 하고자 하는 노력이 충돌하고 있고, 시장화와 각종 외부 문물을 통한 주민들의 인식 변화가 자연스럽게 발생하는 한편으로 더욱 강화된 우상화 조치와 주민통제 법률 제정을 통해 이를 억압하고자 하는 노력이 충돌하고 있다. 현재 우리가 북한을 바라보면서 잘 이해되지 않는 이러한 모순적인 상황은 결국 정치적 강압조치를 통해 체제를 유지하고자 하는 노력과 다른 한편으로 경제적 성과를 통해 주민들의 정권에 대한 만족도를 높여 체제안정을 유지하려는 노력이 충돌하는 상황인 것이다. 또 여기에서 더 나아가 경제적 성과나 이를 위한 개혁·개방이 주민들의 의식에 영향을 미쳐 역설적으로 다시 체제를 위협하는 상황이 되는 것을 차단하고자 하는 또다른 정치적 강압조치가 충돌하는 상황인 것이다.

이 책을 통해 북한에서 이러한 내부의 모순들이 각 영역에서 어떻게 충돌하는지, 체제와 시장의 역설이 어떻게 작동하고 있고 이러한 역설은 북한에서 어떠한 모습으로 나타나게 되는지를 하나하나 살펴보다 보면 북한을 조금 더 잘 알아가는데 큰 도움이 될 것이다.

현재 남북관계는 또다시 전환기에 서 있다. 이재명 정부는 외교정책은 물론이고 북한과의 관계에서도 실용적인 정책 변화를 추진할 것임을 분명히 하였고, 이를 위한 가장 우선적인 가치로 남북간의 신뢰 회복을 내세우고 있다. 이에 김정은은 2025년 9월 3일 중국 전승절 80주년 열병식에 참석하면서 북중러 3국 간 더욱 강고해진 연대를 과시하였으나, 다른 한편으로는 동맹과는 별개로 남북관계는 물론이고 미국, 일본 등과의 관계를 어떻게 가져가야 할 것인지 고민이 되지 않을 수 없을 것이다.

현재 남북 당국 간의 대화는 2018년 12월 14일 평양선언 이행을 위한 실무 차원의 체육분과회담을 마지막으로 약 7년간 끊어진 상태이다. 이는 1971년 남북이 최초로 대화를 시작한 이래 최장기간 단절된 것이다. 하지만 이재명 정부의 태도 변화에 따라 북한 역시 어떤 식으로든 대화에 나설 수 밖에 없을 것이고, 남북관계는 점진적으로 관계 개선을 이루어나갈 것이다. 또 그렇게 되어야 할 것이다.

이 책에 이은 다음 책에서는 이러한 기대와 희망을 담아 가능하다면 북한을 바라보는 우리 사회 내부의 시선과 앞으로의 남북관계 방향과 과제를 두고 다시 한번 독자들과 이야기를 나누었으면 한다.

변화하는 사회구조적 환경 속에서 우리는 통일을 어떤 관점에서 이해해야 하는지, 또 대북정책과 통일정책은 어떤 방향에서 논의되어야 하는지를 이야기해 보고자 한다.

저자의 부족한 졸고拙稿를 통해 많은 분들이 다시 북한에 대해 그리고 통일문제에 대해 조금 더 알아가기를 진심으로 희망한다.

2025년 12월 북한산 자락 연구실에서

권숙도

차 례

첫 번째

북한 정치체제의 특징 알아가기

1. 북한은 사회주의 국가인가

중국, 베트남과의 비교를 통해 살펴본 북한 사회주의 체제의 특징

북한은 사회주의 국가이다. 그러나 과연 북한이 순수한 사회주의 국가인지 의문을 가지는 사람들이 많다. 그만큼 북한의 정치체제가 사회주의 국가의 일반적인 모델을 적용하여 이해하기에는 일반적이지 않은 모습을 보이기 때문일 것이다.

우리가 가장 가까이서 접할 수 있는 대표적인 사회주의 국가는 바로 중국과 베트남이다. 하지만 북한은 이들과 비슷한 듯 하면서도 뭔가 다른 모습이다. 가령 외형적으로 공산당이 집권하고 당대회를 통해 주요 의사결정을 하는 모습은 비슷해 보이지만, 이들 국가들과 달리 3대 세습체제를 유지하고 있을 뿐 아니라 무엇보다 철저하게 폐쇄적이어서 우리가 직접 방문하거나 주민들과 접촉할 수도 없다. 이러한 점에서 과연 북한이 중국이나 베트남과 같이 우리가 알고 있는 유형의 사회주의 국가인지 의문이 들 수 있는 것이다.

그렇다면 사회주의 체제로서의 북한 정치체제의 특징을 살펴보기 전에 먼저 중국과 베트남, 이 두 국가들에서 사회주의가 과연 어떤 모습으로 나타나고 있는지를 먼저 살펴보자.

중국은 비록 2013년부터 지금까지 시진핑 주석에 의한 통치가 장기간 지속되어 오고 있기는 하지만, 그동안 최고지도자의 변화가 계속되어 왔다. 최근 몇 십년의 경우만 봐도 중국의 최고지도자는 덩샤오핑鄧小平, 1981~1993 집권에서 장쩌민江澤民, 1993~2003 집권으로, 그리고 후진타오胡錦濤, 2003~2013 집권를 거쳐 시진핑習近平, 2013~현재으로 변경되어 왔다. 2013년 처음 국가주석에 선출된 시진핑은 2018년에 이어 2023년 국가주석직을 3연임함으로써, 1949년 중화인민공화국 건국 후 최초로 주석 3연임에 성공하였다. 또 이를 위해 2018년 헌법 개정을 통해 3연임 제한 규정을 없애면서 임기 연장을 준비하기도 하였다. 하지만 시진핑은 어찌되었건 2023년 3월 10일 전국인민대표대회전인대 투표를 통해 5년 임기의 국가주석에 공식 취임하는 형식을 취해 집권하였다. 연임을 하더라도 공식적인 절차를 통해 집권하는 방식을 취한 것이다. 물론 그 투표가 표결에 찬성한 2,952명의 만장일치 찬성으로 이루어진 것이라도 말이다.

베트남 역시 공산당이 집권하고 있는 사회주의 국가이다. 잘 알려져 있듯이 베트남은 1986년 12월 개최된 제6차 공산당 전당대회에서 '도이머이Doi Moi' 노선을 채택하면서 경제적 개혁개방을 본격적으로 시작하였다. 당시 베트남은 1975년 끝난 베트남전에 이어

1979년 발발한 중국과의 국경전쟁 등 연이은 전쟁으로 인해 심각한 식량 부족은 물론이고 700%가 넘는 살인적인 인플레이션에 직면해 있었다. 이러한 상황에서 1986년 개혁적인 성향의 응웬 반 린Nguyễn Văn Linh이 서기장으로 선출되면서, 도이머이 노선을 본격적으로 추진하게 된다. 도이머이는 베트남어로 "새롭게 한다" 혹은 "쇄신"을 의미하는데, 베트남은 도이머이를 통해 '사회주의를 지향하는 시장경제'socialist-oriented market economy를 목표로 농업개혁과 가격자유화, 국유기업 개혁, 금융개혁 등의 경제 개혁과 무역 개방, 외국인 투자 유치 등과 같은 대외 개방조치를 취하였다. 그 결과 1990년대 이후 연평균 7% 이상의 고속 성장을 지속하면서 베트남은 세계 경제에 완전히 편입되게 된다.

ChatGPT가 그린 베트남의 도이머이

도이머이 이후에도 베트남은 지금까지 경제적 개혁·개방을 지속하고 있으나, 정치적으로는 여전히 사회주의 체제를 유지하고 있다. 이런 점에서 베트남은 사회주의 정치체제의 일반적인 특징인 집단지도체제가 중국보다 더 잘 작동되어 오고 있는 사례라 할 수 있다.

베트남의 권력서열은 1위 당 서기장, 2위 국가주석, 3위 총리, 4위 국회의장의 순서인데, 그간 상당기간 동안 서기장을 중심으로 국가주석은 국방과 외교 분야를 총리는 행정을 그리고 국회의장은 입법을 담당하면서 이른바 공산당의 네 기둥Four Pillars이라 불리는 '빅 4'가 권력을 분점하는 집단지도체제를 유지해 왔다. 이러한 집단지도체제는 당 내에서 권력이 분산되어 견제와 균형, 합의에 의해 정치적 의사결정을 이루는 효과를 가져왔고, 이들 간의 적절한 상호견제는 안정적인 정치변동을 가져오는 결과를 이끌어냈다. 그리고 국민들 역시도 집단지도체제의 이러한 특징으로 인해 공산당 일당독재에 대한 반발이나 거부감이 상대적으로 적은 편이라 할 수 있다.

베트남에서는 2024년 7월 응우옌 푸 쫑Nguyễn Phú Trọng 서기장이 사망하고 8월 또 럼Tô Lâm 국가주석이 서기장으로 선출되었다. 사망한 쫑 서기장은 2011년에 처음 임명된 이후 2021년 2월 3연임하면서, 비록 임기를 다 채우지는 못했지만 베트남전이 끝난 1975년 이후 베트남의 최장수 서기장이 되었다. 이처럼 '빅 4'가 내부적으로 자리는 옮기는 등 다소 제한적 수준인 경우가 있긴 하지만, 베트남에서도 역시 지도층의 변화가 이루어져 오고 있음을 알 수 있다.

반면 북한은 중국이나 베트남과 같은 다른 사회주의 국가들과는 전혀 다른 모습을 보여주고 있다. 북한은 중국이나 베트남과 같이 집단지도체제의 모습을 취하지도 않고 있으며, 최고지도자의 교체나 최고지도자를 결정하는 외형상의 공식적인 절차도 없이 3대 세습체제가 이어져 오고 있는 것이다. 봉건시대가 아닌 다음에야 과연 오늘날 정치체제에서 이러한 세습체제가 가능한지 의문이 들지 않을 수 없다. 이 때문에 과연 북한이 진정한 사회주의 국가인지 아니면 사회주의 국가의 형식을 취하고 있는 독재체제, 봉건왕정과 다름없는 세습체제인지 의문을 가지게 되는 것이다.

그렇다면 사회주의 국가로서의 북한 정치체제의 특징을 조금 더 자세히 살펴보자.

사회주의 체제로서의 북한의 보편성과 특수성

북한은 사회주의 체제로서의 보편성과 특수성을 동시에 가지고 있다. 이는 사회주의 국가로서의 보편성을 지니고 있는 한편으로, 북한만의 특수성을 함께 가지고 있다는 의미이다.

그렇다면 사회주의 체제로서의 보편성은 어떤 것들을 의미하는 것일까? 경제적으로는 우리가 잘 알고 있듯이 중앙집권적 계획경제를 중심으로 국가가 경제를 주도하는 운영방식이 대표적 특징일 것이고, 정치적으로는 당 즉 공산당이 모든 것에 우선이 되는 당-국가체제 즉 당 우위체제가 대표적 특징일 것이다.

그렇다면 북한만이 가지는 사회주의 체제로서의 특수성은 무엇일까? 바로 '수령' 중심의 유일지배체제와 '김일성-김정일-김정은'으로 이어지는 3대 세습을 들 수 있다. 북한에서 수령은 당과 정부, 군 위에 군림하는 최고지도자이다. 권력구조 면에서 수령은 당·정·군을 완전히 장악하고 있을 뿐 아니라, 전체 인민의 모든 생활과 사상체계 전반을 지배하고 있다. 이런 점에서 북한은 '일당 지배체제'라는 사회주의 국가의 보편적 특징에 더해 수령이 그 위에 존재하는 독재체제라는 특수성을 가지고 있는 것이다.

ChatGPT가 그린 북한의 수령제

북한에서 수령 중심의 정치체제는 상당히 오랜 기간에 걸쳐 구축되었다. 북한에서 김일성을 수령으로 부르기 시작한 것이 일반화된 것은 1960년대 후반부터였는데, 이때는 6.25전쟁 이후부터 상당 기간 지속되어 오던 내부의 권력투쟁이 일단락되고 김일성 지배체제가 공고화되던 시기였다. 그리고 1972년 헌법 개정을 통해 통치이념으로 주체사상을 명기하고 주석제를 도입하면서, 수령 중심의 지배체제는 공식적으로 법제화, 제도화되게 된다. 1980년 10월 제6차 당대회에서는 "조선노동당은 오직 김일성 주체사상, 혁명사상에 의해 지도된다"고 당규약 서문에 명시하였다. 이후 김정일로의 후계문제가 대두되면서 유일지배체제가 확립되고, 1980년대 중후반 김정일이 통치 전면에 나서면서 수령제가 사실상 완성되게 된다. 상당한 기간에 걸쳐 단계적으로 북한식 수령제가 강고하게 형성되게 된 것이다.

북한에서 수령은 제도화된 직위인 노동당 총비서와 국무위원장을 포괄하는 권력의 정점에 자리잡고 있다. 김일성 유일지배체제를 위해 등장했던 수령론은 1980년대 들어서는 김정일에 의해 혁명적 수령관으로 발전하게 된다. 혁명적 수령관이란 수령에 대한 충실성을 혁명적 신념과 의리로 간직해야 하며, 수령의 혁명사상과 영도를 무조건 받들고 관철해 나가는 자세를 요구한다.

수령이라는 호칭은 북한에서 최고지도자에 한정된 칭호이다. 그래서 수령 칭호는 김정은 시대로까지 이어지고 있다. 김정은은 집권 다음 해인 2013년부터 수령이라는 호칭을 사용하기 시작했다. 2013년 12월 21일자 「노동신문」 사설에는 김정은과 관련하여 '수령 결사옹위'라는 표현이 처음 등장하였으며, 이후에도 「노동신문」은 수령이라는 표현을 이따금 사용해 왔다. 2016년 개정된 헌법에서는 김일성과 김정일을 함께 '영원한 수령'으로 칭하기 시작하였으며, 2021년 1월 제8차 당대회를 통해서는 김정은을 김일성, 김정일과 같은 '조선노동당 총비서'에 추대했다. 이후 북한에서는 김정은에 대한 '수령' 호칭 사용을 본격적으로 사용하기 시작하였으며 김정은 집권 10년차인 2023년 들어서부터는 수령이라는 호칭 사용이 더욱 빈번해졌다. 이 시기는 '김정은주의'라는 새로운 사상체계가 정립되는 시기와 맞물린 시기이기도 하다.

이처럼 북한에서 수령이라는 개념과 논리는 김일성의 권력장악을 위해 제시되고, 김정일과 김정은으로 대를 이어 유일지배체계를 확립하기 위한 과정에서 발전된 논리이다. 북한 체제가 다른 사회주의 국가들과 다른 점도 바로 이 점이다. 수령론에 바탕을 둔 북한 체제에서 법과 제도는 수령의 사상을 실현하기 위한 도구일 수밖에 없으며, 일반적인 사회주의 이념 또한 수령제에 기반한 사회주의인 '우리식 사회주의'의 구호 속에서는 의미를 가질 수가 없게 되는 것이다.

수령제를 뒷받침하기 위한 북한의 통치이념과 이를 뒷받침하는 통치담론에 대해서는 이후 두 번째 장에서 좀 더 자세히 들여다 보기로 하겠다.

북한에서 당의 기능과 역할

사회주의 국가에서 당은 최고의 권위와 권한을 지닌 혁명조직으로서 모든 권력의 원천이다. 따라서 모든 국가기구와 사회조직은 당의 지배 하에서 당의 노선과 정책을 집행하는 도구로 봉사하게 된다. 이런 점에서 우리는 사회주의 국가의 정치체제를 당-국가체제party-state system라고 부른다. 당-국가체제는 말 그대로 다른 어떤 국가기구나 조직이 아닌 당이 국가를 이끄는 역할을 하고 있다는 것이다. 이것은 모든 사회주의 국가들의 공통된 특징이며, 민주주의 국가들과의 가장 큰 차이점이기도 하다.

1917년 러시아 혁명 이후 레닌이 주도한 볼셰비키당에 의해 수립된 소련은 처음부터 당이 국가기구를 지도하는 통제하는 원칙이 확립되었다. 한 마디로 당은 지도leadership하고, 국가는 집행execution한다는 것이다. 특히 극도의 중앙집권과 억압이 일반화되었던 1924~1953년까지의 스탈린 집권 시기에는 당이 국가를 완전히 장악하면서 당으로의 권력 집중이 극대화되었다. 이 시기 소련은 공산당이 유일 지배정당으로서 국가의 모든 주요 정책과 사회 이슈를 결정하는 중심적 역할을 하였다. 1934년 17차 전당대회까지는 당이 소련 사회의 주요 이슈를 주도했으나, 이후 점차 스탈린 개인 독재와 대규모 관료제노멘클라투라가 강화되었다. 특히 1936년 12월 이른바 '스탈린 헌법'이 제정된 이후 공산당과 스탈린으로의 권력 강화는 더욱 심화되었다. 새롭게 제정된 헌법은 표면적으로는 민주적 요소를 담고 있으나, 실질적으로는 공산당의 절대 권력을 고착화하고 스탈린의 권한을 강화하는 도구로 활용되었다. 스탈린은 반대 세력을 제거하기 위해 대숙청을 감행했고, 언론, 교육, 예술 등을 모두 국가의 통제 아래 두고 반체제적 내용은 철저히 검열하였다. 스탈린의 철권통치를 가능하게 한 이 헌법은 1977년 개헌 전까지 무려 44년 동안 유지되었다.

흐루쇼프1953~1964년 집권 실각 이후 집권한 브레즈네프1964~1982년 집권는 집권 초기에는 집단지도체제를 표방하였지만 점차 자신의 영향력을 강화시켜 갔으며, 그 결과 실질적으로 당 정치국과 서기국을 통한 중앙집권적 통치가 심화되었다. 1985년 집권한 고르바초프는 페레스트로이카(개혁), 글라스노스트(개방)를 외치며 당과 국가의 기능 분리를 시도하고, 1990년 헌법을 개정하여 공산당의 일당독점 조항을 폐지하면서 실질적인 당·국가 분리를 시도하는 등 변화를 시도하였으나, 사회주의 국가 소련은 1991년 결국 붕괴하고 말았다.

ChatGPT가 그린 소련의 고르바초프 서기장

중국 역시 공산당 일당지배체제로, 당이 권력의 중심에 있고 국가기구는 이를 뒷받침하는 행정적 도구로서의 기능을 하고 있다. 즉 국무원(행정부), 전국인민대표대회(입법부), 인민법원(사법부) 등 모든 국가기관이 공산당의 지도를 받고 있는 것이다. 이는 당과 정부 간 인사 중복으로도 나타나는데, 대부분의 핵심 정부 지도자들은 동시에 당의 고위간부이기도 하다.

중국에서 이러한 모습은 중국 특유의 삼위일체(三位一體)로 나타난다. 중국에서는 최고 지도자가 공산당 총서기, 국가주석, 중앙군사위원회 주석이라는 세 가지 핵심 직책을 동시에 겸임하고 있는데, 이는 당과 정부, 군의 권력을 한 사람에게 집중시켜 국가 운영의 일관성과 권력의 안정성을 도모하기 위한 것이다. 이러한 삼위일체는 장쩌민 시대(1993~2003년 집권)부터 본격적으로 자리잡기 시작하여, 이후 중국 지도자들은 세 직위를 모두 겸직하는 것이 관례가 되었다. 잘 알려져 있듯이 현재 중국의 시진핑 국가주석은 공산당 총서기와 중앙군사위원회 주석을 겸임하고 있다. 특히 시진핑은 2018년 국가주석의 임기제한2연임, 총 10년을 헌법에서 삭제하면서, 세 직책 모두 임기 제한이 사라져 종신집권까지 가능해졌다는 평가가 나오기도 한다.

최고 지도자가 세 가지 핵심직책을 겸임하는 이러한 구조는 당의 정책이 직접적으로 정부 운영에 반영되도록 하는 효과를 가져오기도 한다. 최근 중국은 몇 차례 당과 정부의 기구 개혁을 통해 실질적인 기능 융합을 추진하고 있는데, 2023년 정부기구 개혁을 통해 과학기술부 등 정부 부처의 일부 기능을 공산당 내 중앙과학기술위원회를 신설하여 이관하였으며, 중앙금융위원회와 중앙금융공작위원회 등을 설립하여 금융 시스템 역시 당이 직접 지도하는 것으로 하였다. 과학기술이나 금융과 같이 전통적으로 정부가 담당하던 전문 정책 영역조차 이제는 당이 최종 지도하고 설계하는 구조로 변화한 것이다.

이러한 중국에서의 당 우위 구조는 국가기구 외 다른 곳에서도 나타난다. 2017년 공산당 제19차 전국대표대회19차 당대회에서는 '시진핑 신시대 중국 특색 사회주의 사상'이 헌법과 당장黨章, 당헌에 명기되었다. 이는 당의 사상이 곧 국가의 이념이 된 것을 보여주는 한편으로, 시진핑이 마오쩌둥과 덩샤오핑에 이어 처음으로 당장에 자신의 지도 사상을 이름과 함께 올린 절대 지도자로서의 위상을 가지게 되었다는 것을 의미한다. 그리고 더 나아가 중국 공산당이 마르크스 이념의 기본 원리에 현재 중국의 사회 발전 정도를 적용하여 중국 특색의 사회주의를 더욱 강조한 것을 의미하기도 한다. 중국은 대학, 언론, 기업, 민간단체 등에도 당 위원회를 설치하고 당의 지도를 강화하였으며, 민영기업, 인터넷 플랫폼 등도 당의 지도를 따르도록 구조 조정하였다. 이처럼 중국에서는 시진핑 시대 들어 권력 집중과 체제 안정이라는 목적 아래 당의 절대적 지도 체제를 제도적으로 정비하였으며, 국가기구와 당의 구조적 통합이 더욱 강하게 이루어졌다고 할 수 있다.

북한 역시 사회주의 국가인만큼 당-국가체제를 기본으로 하고 있다. 북한 사회주의헌법 제11조는 "조선민주주의인민공화국은 조선로동당의 령도 밑에 모든 활동을 진행한다"고 하여 국가기관에 대한 당의 영도를 명시하고 있다. 헌법상으로 당의 독점적 지위를 명시함으로써, 당이 다른 모든 국가기관보다 우위에 있는 구조임을 분명히 하고 있는 것이다. 조선노동당 규약에는 "조선노동당은 근로대중의 모든 조직들 가운데에서 가장 높은 형태의 혁명조직이며 정치, 군사, 경제, 문화를 비롯한 모든 분야를 통일적으로 이끌어나가는 사회의 령도적 정치조직이며 혁명의 참모부, 조선인민의 모든 승리의 조직자이며 향도자"로서 다른 모든 조직들을 영도하는 주체라고 설명하고 있다.

하지만 한편으로 북한은 통치구조상 다른 사회주의 국가들과는 다른 특수성을 가지고 있는데, 바로 수령 혹은 최고통치자 1인이 당을 영도함으로써 모든 권력이 한 사람에게 집중되어 있다는 점이다. 물론 과거 소련이나 현재 중국의 사회주의 체제 역시 점차적으로 최고통치자에게 권력이 집중되는 모습이 나타나고 있다. 하지만 북한의 경우 수령제를 통해 대를 잇는 권력승계가 나타나고 있으며, 이에 정당성을 부여하기 위해 각종 통치이념과 통치담론을 동원하면서 주민들의 생활과 의식 전반을 지배하려 하고 있는 것이다. 또 이를 헌법과 당규약에 명시하여 당보다 우위에 있는 최고 지도자의 존재를 공식적으로 인정하고 있는 것이다.

북한정권이 수립된 후 자리잡은 당 우위의 권력구조는 1972년 수령제가 본격적으로 등장하면서 당 위에 개인이 존재하는 모습으로 바뀌었다. 그리고 1998년 수령제를 폐지하기 전까지 수령이라는 국가기구가 당보다 우위에 있는 모습을 보여왔다. 그리고 이후 국방위원장과 국무위원장으로 명칭만 달라졌을 뿐, 최고통치자 1인 중심의 정치기구가 지금까지 북한사회 전체를 통치하고 있다.

이런 이유로 북한의 사회주의 체제는 많은 연구자들에 의해서 사회주의 국가의 일반적 권력구조 형태인 당-국가체제보다는 '수령중심 사회주의체제', '수령 유일지배체제', '수령제를 기반으로 하는 유일영도체제' 등의 다양한 표현으로 설명되기도 한다.

당규약에서도 이런 점은 분명히 나타나고 있다. 2021년 1월 개정된 「조선노동당 규약」9차 개정은 서문에서부터 최고강령으로서의 김일성-김정일주의를 성문화하면서, "조선로동당은 위대한 수령들을 영원히 높이 모시고 수반을 중심으로 하여 조직사상적으로 공고하게 결합된 로동계급과 근로인민대중의 핵심부대, 전위부대이다"

라고 규정함으로써 최고통치자 1인을 중심으로 하는 당의 영도적 지위를 명시하고 있다.

여기에 더해 2021년 당규약에서는 다소간 표현의 변화는 있으나, 군에 대한 당의 지도를 명문화하고47조 국가 즉 인민정권기관이 조선노동당의 령도하에 있음53조을 분명히 하면서 최고지도자-당-국가 순의 위계구조를 분명히 하고 있다. 즉 북한에 있어서는 당보다 앞서 최고지도자가 존재하고 있는 것이다.

2. 북한 정치체제는 어떤 원리로 유지되고 있을까

수령 중심의 유일지도체계와 3대 세습을 위한 북한 정치체제의 작동 원리

앞에서 살펴본 바와 같이 북한은 사회주의 체제로서의 보편성도 가지지만 아울러 다른 사회주의 국가들과는 다른 특수성도 가지고 있다. 그 특수한 모습들을 잘 이해하는 것이 바로 북한 정치체제를 잘 이해하는 바탕이 될 것이기 때문에 이번 절에서는 다른 사회주의 국가와 달리 북한 정치체제에서 독특하게 나타나는 수령 중심의 유일지도체계, 그리고 3대 세습이라는 모습을 통해 북한 정치체제가 어떤 원리로 유지되고 있는지를 살펴보도록 하자.

수령 중심의 유일지도체계

북한 정치의 특수성을 보여주는 대표적인 사례가 바로 수령 중심의 유일지도체계이다. '수령'은 우리에게도 매우 익숙한 호칭이기도 하다. 과연 북한에서 '수령'은 어떤 의미를 가지는 존재일까.

북한에서 수령은 한마디로 당과 정부, 군 위에 존재하는 최고지도자를 의미하는 호칭이다. 즉 북한의 권력구조에서 수령은 당·정·군을 완전히 장악하고, 전체 인민의 모든 생활과 사상체계 전반을 통치이념을 바탕으로 지배하고 있는 것이다. 물론 북한의 통치이념은 시대적 상황 변화에 따라 조금씩 변경되어 왔다. 한 마디로 북한은 사회주의 국가로서 '일당 지배체제'라는 사회주의 국가의 보편적 특징을 가지고 있으나, 다른 한편으로 조선노동당 위에 당을 영도하는 최고지도자로서의 수령이 존재한다는 점에서 다른 사회주의 국가와 차이를 보이는 것이다. 즉 북한은 수령 중심의 독재체제이며, 이 수령은 김일성에서 김정일로, 그리고 김정은으로 대를 이어 승계되고 있다.

이처럼 북한의 수령영도체계는 국가의 모든 권력과 지배구조가 단 한 명의 지도자, 즉 수령에게 집중되는 정치형태이다. 이 체제에서 수령은 단순한 정치적 지도자를 넘어 당과 정부, 군을 모두 직접 영도하는 절대적인 존재로 자리매김한다. 그리고 사회주의 국가인 만큼 수령은 당의 유일적 영도체계에 기반하고 있으며, 당의 영도적 지위는 수령의 사상과 영도, 절대적 권위에 의해 보장되고 있다.

이런 의미에서 북한은 당이 지배하는 사회주의 '당 지배체제'라기보다는 '당을 영도하는 수령이 지배하는 국가', 즉 '수령 독재체제'라 할 수 있을 것이다.

그렇다면 북한에서 수령 중심의 유일지도체계는 어떤 의미를 가지고 있을까? 수령 중심의 유일지도체계는 북한의 권력구조와 사상구조 전체를 설명하는 개념이다. 즉 단순히 수령 1인에게 권력이 집중되어 있는 상황만을 설명하는 개념이 아니라, 최고지도자인 수령을 중심으로 전체 북한체제가 하나의 틀로 편재되어 있으며, 각종 이론적 체계와 사상들을 끊임없이 생산하면서 이를 뒷받침하고 있음을 보여주는 개념인 것이다. 즉 북한에서는 수령이라는 통치이념을 중심으로 혁명적 수령관, 사회정치적 생명체론 등 다른 이론적 사상체계들이 수령 중심의 유일지도체계를 뒷받침하고 있는 것이다. 그리고 지금 현재 북한에서 수령의 지위는 제도화된 지위인 노동당 총비서와 국무위원장을 포괄하는 권력의 정점에 자리잡고 있다.

이처럼 수령 중심 유일지도체제는 김일성-김정일-김정은으로 이어지는 3대 세습체계를 정당화하고 공고화하기 위한 개념이라 할 수 있다.

그렇다면 북한에서 수령제는 어떤 과정을 거쳐 발전해 왔을까? 북한에서 수령제는 장기간에 걸친 내부 권력투쟁과 사상투쟁을 거치며 형성되어 왔다. 1966년 10월 5일 제2차 당대표자회 직전부터 북한에서는 김일성을 수령으로 부르기 시작했으며, 1966년 9월 30

일 김일성종합대학 총장 황장엽이 대학 창립 20주년을 맞아 '당과 수령에 대한 충실성은 종합대학의 제일 생명이며 영광스러운 전통이다'라는 제목으로 연설한 이래 '당과 수령'이라고 하는 방식으로 사용하기 시작했다고 알려져 있다. 이처럼 북한 내부의 권력투쟁이 일단락되고 김일성 지배체제가 공고화되던 1960년대 후반부터 김일성을 수령으로 부르는 것이 일반화되었는데, 이후 혁명위업과 혁명전통의 대를 잇기 위한 김정일로의 후계문제가 대두되면서 유일사상체계와 유일지도체계가 확립되게 된다.

1967년은 북한에서 수령 중심의 유일사상체계가 구축된 해로 평가할 수 있는데, 조선노동당은 1967년 5월 당중앙위원회 제4기 제15차 전원회의에서 수령의 혁명사상을 유일한 지도적 지침으로 삼고 수령의 유일한 영도 밑에 혁명사업과 건설사업을 진행할 것을 내용으로 하는 '유일사상체계를 세우는 문제에 대한 토의'를 통해 유일사상체계를 지도체계로 채택하게 된다. 유일사상체계는 마르크스-레닌주의와는 사실상 결별하면서 김일성이 제창한 주체사상을 도입하여, 주체사상만을 당과 사회 전반의 유일한 이데올로기로 인정하는 것이라 할 수 있다.

당중앙위원회 제4기 제15차 전원회의는 북한의 유일사상체계 수립에서 중요한 의미를 갖는데, 김정일은 이 회의에서 첫 연설을 통해 김일성 유일사상체계에 소극적이었던 박금철, 이효순 등 소위 '갑산파'를 비판하고 이들의 숙청을 주도하면서 자신을 비롯한 '혁명 2세대'들이 권력이 전면에 나서게 된다. 그리고 이러한 과정을 거쳐 1967년 12월 16일 김일성은 제4기 제1차 최고인민회의에서 '위대한 수령 김일성 동지'로 추대되게 된다.

1972년에는 헌법 개정을 통해 수령 중심의 유일지도체계가 공식화되었다. 북한은 1972년 제5기 제1차 최고인민회의에서 헌법을 개정하여, 국가주석제를 신설하고 주체사상을 당과 국가의 지도이념으로 명시함으로써 김일성 유일지도체계를 공식화하였다.

1972년 개정된 「사회주의 헌법」은 당과 국가의 지도이념으로 마르크스-레닌주의와 함께 주체사상을 명시하였으며, 1948년 헌법에서 채택한 내각제를 폐지하고 국가주석제를 신설함으로써 김일성으로의 권력의 집중과 강화에 역점을 두었다. 신설된 국가주석은 새롭게 설립된 중앙인민위원회를 직접 지도하고 군의 최고사령관과 국방위원회 위원장까지 겸직하는 실질적 권력을 장악하게 된다. 이는 정권 수립 이후 오랫동안 계속되었던 정치적 반대세력에 대한 숙청을 마무리하고, 김일성 유일지배체제로 변화하였음을 보여주는 것이라 할 수 있다.

수령이 중심이 되는 북한체제의 특징을 상징적으로 보여주는 것이 바로 1974년 김정일에 의해 발표된 '당의 유일사상체계 확립을 위한 10대 원칙'이다. 이 원칙은 북한 체제의 본질인 수령 1인 독재와 절대적 충성, 혁명 위업의 세습을 제도적으로 뒷받침하는 핵심 규범으로, 주민들은 이를 암기하고 실천해야 하는 것은 물론이고, 위반 시 중대한 처벌을 받을 수 있다.

이 원칙은 2013년 6월 김정은이 자신의 권력 세습을 정당화하기 위해 '당의 유일적 영도체계 확립의 10대 원칙'으로 변경할 때까지 북한 주민들을 일상적으로 규율하는 최고의 규범이자 실질적으로 북한체제를 작동시키는 원리로 역할해 왔다. 이 원칙은 사실상 조선노동당 규약이나 북한 헌법보다 상위에 있는 최고 규범이라 할 수 있다.

'당의 유일사상체계 확립을 위한 10대 원칙'과 '당의 유일적 영도체계 확립의 10대 원칙'

'당의 유일사상체계 확립의 10대 원칙'은 조선노동당이 1974년 김정일 주도로 제정한 규범으로, 김일성의 혁명사상과 1인 통제체제를 전면적으로 강화하기 위한 행동강령이다. 10대 원칙은 서문과 함께 10개조 60개항으로 구성되어 있는데, 주요 내용은 수령의 사상과 영도를 따라 수령과 당, 인민이 일심동체가 되어야 하며, 수령의 유일적 영도에 따라 조직적 전일체가 되어야 한다는 것이다. 이후 이 원칙은 2013년 김정은에 의해 '당의 유일적 영도체계 확립의 10대 원칙'으로 변경되었다. 새롭게 개정된 10대 원칙의 주요 내용은 다음과 같다. 제1조, 김일성의 혁명사상으로 온 사회를 일색화, 제2조, 김일성을 충성으로 모심, 제3조, 김일성의 권위를 절대화, 제4조, 김일성의 혁명사상을 신념으로 삼고, 수령의 교시를 신조화, 제5조, 김일성의 교시 집행에서 무조건성의 원칙을 준수, 제6조, 김일성을 중심으로 하는 전당의 사상의지적 통일과 혁명적 단결을 강화. 제7조, 김일성을 따라 배워 공산주의적 풍모와 혁명적 사업 방법, 인민적 사업 작풍을 소유, 제8조, 김일성의 정치적 생명을 귀중히 간직하며, 수령의 정치적 신임과 배려에 정치적 자각과 기술로서 충성, 제9조, 김일성의 유일적 영도 밑에 전당, 전국, 전군이 한결같이 움직이는 강한 조직규율 확립, 제10조, 김일성의 혁명위업을 대를 이어 계승·완성해야 한다.

김정은은 2013년 6월 19일 당과 군, 내각의 고위간부들을 모아 놓고 "혁명발전의 요구에 맞게 당의 유일적 영도체계를 더욱 철저히 세울 데 대하여"라는 제목의 연설을 하였는데, 이것이 바로 '당의 유일영도체계 확립을 위한 10대 원칙'이다. 이는 1974년 김정일이 제시한 '당의 유일사상체계 확립의 10대 원칙'을 계승한 것으로 모두 10조 65항으로 이루어져 있으며, '김일성·김정일주의', '김일성민족', '김일성조선', '백두혈통' 등 3대 세습을 정당화하고 개인 숭배를 더욱 강화하는 방향으로 개정되었다. 새로운 10대 원칙의 기존 10대 원칙과의 가장 큰 차이점은 서문의 분량이 절반 정도로 줄어들었고, 김일성 외에 '김일성·김정일주의'라고 명시하여 김정일을 강조하고 있으며, '핵보유'를 명문화하고 있다는 점이다. 또한 기존의 김일성의 권위를 절대화하는 것을 넘어 '김정일의 권위'와 '당의 권위' 절대화가 추가된 점도 차이점이라 할 수 있다. 또한 제10조에서 백두혈통의 순결성과 승계 부분을 새롭게 추가하여 김정은으로의 권력세습을 정당화한 것 역시 새로운 10대 원칙에서 새롭게 추가된 내용이라고 할 수 있다.

이처럼 '당의 유일사상체계 확립을 위한 10대 원칙', 그리고 '당의 유일영도체계 확립을 위한 10대 원칙'의 내용들을 살펴보면 당을 넘어 수령 중심의 유일사상체계, 유일영도체계가 실제 북한의 정치와 사회 전반을 지배하는 지침임을 보여주고 있다.

즉 수령제를 뒷받침하기 위해서는 당이 유일사상체계, 유일지도체계를 확립해야 하는데, 사회주의 정치체제에서 일반적으로 주장되는 당의 지도적 역할과 무오류성이 북한에서는 수령의 영도, 수령에 대한 충성, 수령의 무오류성으로 나타나고 있다. 북한에서 수령은 혁명사상과 혁명이론을 창시하고, 혁명과 건설의 모든 방향을 제시하며, 인민을 조직하여 승리로 이끄는 유일무이한 존재이다. 그리고 북한의 수령영도체계는 곧 당의 유일한 영도체계이며, 당의 영도적 지위는 수령의 사상과 영도, 절대적 권위에 의해 보장되고 있는 것이다.

수령의 무오류성은 수령은 오류가 없는 존재라는 의미로, 한 마디로 김일성, 김정일, 김정은으로 이어지는 최고지도자의 절대적 권위와 함께 이들을 오류가 없는 존재로 신격화하는 것이다. 수령의 무오류성의 이론적 근거는 바로 '사회정치적 생명체론'에서 찾을 수 있다.

사회정치적 생명체론에서 수령은 '사회정치적 생명체의 뇌수腦髓'로 규정되는데, 이는 사회 전체가 하나의 유기체라면 수령은 그 유기체의 머리, 즉 판단과 명령의 중심이라는 것이다. 이러한 논리에 따라 뇌수인 수령은 오류가 있을 수 없으며, 수령의 결정과 지시는 곧 절대적 지시로 간주되는 것이다. 이 때문에 북한 언론 등에서는 수령의 지시와 정책이 항상 '위대한 승리'로 귀결되었다고 선전하며, 만약 정책실패가 있었다고 하더라도 그 원인은 외부 적대세력이나 간부들의 충성 부족 때문으로 돌릴 뿐 수령의 판단 자체에는 결코 오류가 있다고 인정하지 않는다.

하지만 오랜 기간 지속해 오던 수령의 무오류성은 김정은 시대 들어 이에 반하는 모습들이 조금씩 나타나고 있다. 2017년 신년사에서 김정은은 "언제나 늘 마음뿐이었고 능력이 따라서지 못하는 안타까움과 자책 속에 지난 한 해를 보냈다"고 스스로의 부족함을 이야기하였으며, 2020년 10월 10일 당 창건 75주년 기념 열병식에서는 "면목이 없다. 나라는 이끄는 중책을 지니고 있지만 노력과 정성이 부족해 인민들의 생활상의 어려움에서 벗어나지 못하고 있다"고 말하기도 했다. 그리고 2024년 1월 15일 최고인민회의 제14기 제10차 회의 시정연설에서는 "인민들의 커다란 기대에 보답하지 못한 것에 대한 깊은 책임감을 느낀다"고 말하기도 했다. 이처럼 김정은은 과거 수령들과는 달리 자신의 부족함이나 어려움을 직접적으로 토로하는 표현들을 때때로 하기도 하는데, 이는 김정은이 친밀함을 통해 인간적인 면모를 보여 주민들에게 다가서려는 전략으로 볼 수 있을 것이다.

북한에서 수령-당-인민의 관계는 어떠한가

북한에서 수령과 당, 인민은 서로 밀접하게 결합된 유기적이고 전일적인 관계라고 설명하고 있다. 북한에서 혁명의 주체는 수령과 당, 인민의 통일체로 이루어진다. '사회정치적 생명체론'의 관점에서 본다면 수령은 사회정치적 생명체의 최고 뇌수로 생명의 중심이며, 당은 수령을 중심으로 조직사상적으로 공고하게 결합된 인민대중의 핵심 부대로서 자주적인 사회정치적 생명체의 중추이다. 그리고 인민은 자주적인 사회정치적 생명체의 담당자이다.

북한에서는 인민은 당을 통해 수령의 지휘를 받고, 당의 영도 밑에 수령을 중심으로 조직사상적으로 결속되어야만 자주적인 사회정치적 생명체로 혁명의 주체로서 지위와 역할을 수행할 수 있다고 보고 있다. 즉 집단주의 생명관의 관점에서 개개인의 육체적인 생명은 유한하지만, 수령-당-인민이 통일체를 이룰 경우 사회정치적 생명체를 통해 영생하는 생명을 얻을 수 있다는 것이다.

이처럼 북한에서 수령-당-인민의 관계를 설명하는 개념이 바로 '사회정치적 생명체론'이다. '사회정치적 생명체론'에 의하면 사람은 자신이 가진 이중적인 본질, 즉 육체적인 생명과 사회정치적 생명을 동시에 획득해야 하는데 이를 위해서는 당조직을 통해 각각의 개인들이 사회정치적 생명체의 중심인 수령과 조직적·사상적으로 결합되어 운명을 같이 해야 한다는 것이다. 이처럼 인민들은 수령과 당 아래에서 하나의 생명으로 결합되어 운명을 같이 하는 사회정치적 생명체이기 때문에, 수령-당-인민 간에는 서로 도와주고 사랑하는 혁명적 의리와 동지애의 관계가 이루어지게 된다.

북한에서는 수령-당-인민은 하나로 결합되어야만 사회정치적 생명체를 이루는 만큼 각각을 서로 분리시키거나 다른 것으로 대체시키는 것은 그 유기체를 죽이는 것과 마찬가지라고 설명하고 있다. 북한은 수령을 떠나서는 인민은 사회와 역사의 주인으로 될 수 없으며, 반대로 인민과 분리된 수령 또한 자주성을 위한 인민의 창조적 투쟁을 통일적으로 지휘하는 정치적 영도자가 될 수 없다고 주장하고 있는데, 그 이유는 대중과 분리된 수령은 단지 한 개인에 불과하기 때문이다.

이처럼 북한의 논리에 따르면 수령과 당, 인민은 서로를 떠나서는 의미를 갖지 못하는 존재이다. 북한에서 수령이 절대적 지위와 결정적인 역할을 담당하고 있는 것은 분명하지만. 수령이라는 존재는 인민을 전제로 해서만 의미를 가지며, 수령의 영도의 실현은 당을 통해서만 가능한 것이다. 즉 북한에서 수령과 당, 인민은 논리적으로 분리가 불가능한 존재이며, 혁명주체는 바로 완전히 일심동체를 이룬 수령-당-인민의 결합체인 것이다.

이처럼 북한에서 수령과 당, 인민의 관계는 특별한 관계이기 때문에, 북한은 여기에서 한걸음 더 나아가 '사회주의 대가정大家庭' 개념을 주장하고 있다. '사회주의 대가정'이란 북한 사회 전체를 하나의 가정으로 보고, 수령-당-인민의 관계를 아버지, 어머니, 자녀의 관계와 같다고 보는 것이다.

북한은 두 개의 가정이 존재한다고 주장하고 있는데, 하나는 혈육 중심의 일반 가정이고 또 다른 가정은 수령을 어버이로 하는 '사회주의 대가정'인 것이다. 사회주의 대가정 개념의 기본 논리는 한마디로 국가의 이미지가 가정으로 확대된 것이라 할 수 있다. 즉 사회주의 대가정의 가족 구성원인 인민들은 보통의 가정에서 자녀들이 부모를 섬기듯 어버이인 수령을 믿고 사랑하며 충성과 효성을 다해야 한다는 것이다. 그리고 수령이 은덕을 베풀면, 인민들은 수령을 향해 충성과 효성을 바치는 것이 당연하다는 것이다.

이러한 사회주의 대가정 개념은 1960년대에 처음 등장하였다. 김일성은 1962년 신년사에서 사회를 화목하고 단합된 하나의 대가정으로 변화시키기 위해 대중들이 애국적 헌신성과 대중적 영웅주의를 발휘할 것을 강조하였다.

이처럼 북한에서는 '국가의 가정화'를 통해 수령의 대중에 대한 믿음과 사랑, 그리고 수령에 대한 대중의 충성과 효성을 강조하고 있다. 특히 어린이와 청소년을 대상으로 수령에 대한 '충성동이'와 '효자동이'로 자라나야 한다는 것을 교육의 목표이자 공산주의 도덕의 규범으로 제시하고 있다. 유교적 관점이 우리에 비해 상대적으로 많이 남아 있는 북한에서 사회주의 대가정론은 '수령, 당, 인민대중의 전체적인 통일체'라는 전체주의적 개념과 논리로 활용되고 있기도 하다.

이처럼 북한은 '국가'라는 2차 집단을 '가정'이라는 1차 집단에 접목함으로써, 혁명의 최고영도자인 '수령'이 각 가정에서 육체적 생명을 준 부모보다 더 중요한 구심점의 역할을 한다는 논리는 전개하고 있다. 이는 집단주의 정신을 통해 전체 인민을 단합된 하나의 대가정으로 만들고자 한 것이다.

즉 북한은 '사회주의 대가정' 개념을 통해 가족을 사회국가적으로 확대하여 '수령-당-인민'을 하나의 정치생명체로 묶어 북한 인민들의 수령에 대한 충성과 효성을 이끌어 냄으로써 김일성-김정일-김정은으로 이어지고 있는 세습 독제채제를 공고히 하고자 하는 것이다. 그리고 이 논리를 정당화하기 위해 이후 사회주의 대가정 개념을 '붉은 대가정', '혁명적 대가정'. '공산주의 대가정' 등 시대에 따라 조금씩 변화시켜 적용해 오고 있다.

사회주의 대가정 이념은 1990년대 들어서 본격적으로 강조되었다. 북한은 1990년대 중반 이른바 '고난의 행군' 시기에 약화된 집단주의를 강화하기 위해 '수령-당-인민'을 하나로 묶는 사회주의 대가정을 강조하였다. 당시 김일성의 사망과 대내외적인 어려움에 처한 북한이 주민들의 동요와 이완을 막고 지배권력을 강화하여 수령을 정점으로 주민들을 결속하기 위해 사회주의 대가정 개념을 활용한 것이다. 이처럼 북한은 대내외적으로 위기에 직면할 때마다 체제 유지를 위해 사회주의 대가정을 강조해 왔으며, 이는 김정은 시기에도 마찬가지이다.

문제는 '사회주의 대가정'이라는 개념이 북한이 평소 주장하는 '인민대중 중심 사회주의'와는 정면으로 대립되는 개념이라는 것이다. '인민대중 중심 사회주의'는 김정일이 1991년 5월 5월 노동당 중앙위원회 책임일꾼들과 한 담화 '인민대중 중심의 우리 식 사회주의는 필승불패이다'에서 처음 등장했는데, 김정은은 집권 이후 연일 "인민대중을 하늘 같이 받드는 인민대중 중심 사회주의"를 주장해 왔다. 북한은 '인민대중 중심 사회주의'를 인민을 사회의 진정한 주인으로 내세우고 사회의 모든 것이 인민을 위하여 복무하는 나라라고 설명하고 있는데, 사회주의 대가정론에서는 북한 주민들의 수령에 대한 충성과 당의 영도에 대한 복종, 정신도덕적 무장 의무만 강조할 뿐 수령과 당의 책임은 전혀 거론하지 않고 있다. 이 두 개념은 서로 상충되는 개념이라 할 수 있는 것이다.

최근에도 사회주의 대가정 개념은 계속적으로 영향력을 발휘해 오고 있다. 2019년 2월 24일자 「노동신문」 2면에 게재된 "우리 사회를 화목한 대가정으로 꾸려나가기 위한 중요한 요구"라는 논설에서는 "모든 일군과 당원 및 근로자들은 적대세력의 제재봉쇄 책동을 물거품으로 만들고 혁명의 전진"을 위해 "사회주의 우월성을 발현하고 사회주의 대가정을 꾸리며 사회주의 문명건설에 적극 이바지 할 것"을 강조하고 있다.

또한 김정은은 2023년 12월 8일 제5차 전국 어머니대회 참석자들과 기념사진을 촬영하며 "가정이 튼튼해야 사회주의 대가정이 더욱 부흥하게 된다"며 체제유지에 있어 어머니들의 역할을 강조하기도 했다. 2023년 전국 어머니대회는 2012년 11월 15일 열린 제4차 전국 어머니대회 이후 11년 만에 열린 것으로, 김정은은 개회사에서 "이 나라의 모든 어머니들이 바친 그 헌신과 희생, 어머니들이 지닌 그 정신과 힘은 비단 한 가정만을 위한 것이 아니라 조국의 미래를 가꾸는 자양분이 되였으며 덕과 정으로 단합되고 전진하는 우리의 사회주의대가정을 꿋꿋이 지켜내는 원동력으로 되어왔다"며 "어머니들이 애국의 마음으로 소중히 가꾸어준 가정의 작은 울타리들이 그대로 주추돌이 되여 나라를 억세게 떠받들고 있기에 사회주의대가정이 굳건한 것이고 우리 조국이 계속 강해지고 있는 것이다. 이것은 조선의 어머니들이 당과 혁명, 조국앞에 이룩한 불멸의 공적"이라고 참가자들을 격려했다.

지금까지 살펴본 바와 같이 북한 정치체제의 가장 큰 작동원리 중 하나는 수령과 당, 인민의 결합이라고 할 수 있다. '사회주의 대가정론'의 관점에서 본다면 수령과 당, 인민의 삼위일체적 관계로 형성된 국가는 가정에서의 아버지와 어머니, 자녀의 관계와 같으며, 이는 결국 수령을 '진정한 어버이'로 인식하고 수령을 정점으로 결속되는 국가를 의미하는 것이다. 그리고 이는 사회 전반적으로 당 조직과 근로단체에서 김일성, 김정일, 그리고 김정은의 지시를 집행하는 당 간부가 절대적인 위치를 차지하고 대중 위에 군림하는 것을 당연하게 받아들이는 논리구조로 작동되게 된다.

3. 북한에서 권력 세습은 어떻게 이루어져 왔을까

북한 정치가 다른 사회주의 국가들과 다른 특수한 성격을 가지고 있음을 보여주는 또 다른 중요한 특징은 바로 권력세습이다.

유일사상체계이자 이를 바탕으로 한 유일지배체제인 북한에서 권력세습이란 곧 수령이 후계자를 지명하고 후계자가 수령의 지위에 오르는 과정을 의미한다. 앞서 살펴보았듯이 수령은 북한에서 독특한 지위와 역할, 상징적 의미를 가지고 있는데, 북한은 여러 이론적 사상체계들을 통해 끊임없이 권력세습의 정당성을 뒷받침해내고 있다.

북한의 권력세습은 상당히 치밀한 과정과 준비를 거쳐 단계적으로 진행되어 왔다. 가장 먼저 김일성으로부터 김정일로의 세습 과정을 살펴보자.

김일성에서 김정일로의 세습

김일성은 1970년대부터 자신의 유일지배체계를 구축함과 동시에 김정일로의 권력 승계를 위한 정치적 여건을 함께 만들며 오랜 시간에 걸쳐 세습을 준비해 왔다.

김일성은 1971년 11월 당중앙위원회 제5기 제3차 전원회의에서부터 김정일로의 후계 문제를 검토해 왔다. 이러한 후계 구도 속에서 1970년부터 선전선동부 및 조직지도부 부부장 업무를 맡고 있던 김정일을 1973년 9월 당중앙위원회 제5기 제7차 전원회의를 통해 '조직 및 선전 담당 비서'로 선출하고, 1974년 2월 당중앙위원회 제5기 제8차 전원회의에서 당중앙위원회 정치위원회 위원으로 추대하였다.

김정일로의 후계 구도가 공식화된 계기는 1980년 10월 제6차 당대회이다. 6차 당대회를 통해 북한은 후계체제를 공고화할 뿐 아니라 혁명전통의 계승·발전을 공식화하게 되는데. 제6차 당대회에서 상무위원회와 비서국 군사위원회에 모두 선출된 사람은 김일성, 김정일 두 사람 뿐으로 결국 실질적 통치자로서의 김정일의 위상이 공식화된 것이다.

이러한 과정을 거쳐 후계자로 등장한 김정일은 이후 김일성 유일지배체계의 권력 구조를 정당화하고 권력세습의 영속화를 위해 '혁명적 수령론', '사회정치적 생명체론' 등을 제시함으로써 주체사상에 대한 해석권을 독점하게 된다. 즉 김일성이 마르크스-레닌주의의 유일한 해석자이며 주체사상의 창시자라고 했던 것처럼, 김정일도 주체사상의 유일한 해석자로서 권력 승계를 정당화한 것이다.

그리고 김정일은 1994년 7월 8일 김일성 사후 본격적으로 전면에 나서기까지 '유훈통치'를 기반으로 자신의 정당성을 확보해 나가게 된다. 김정일은 김일성 사망 이후 3년 상을 이유로 김일성의 유훈을 내세우며 실질적으로 전면에 나서지 않고 북한체제를 통치하였는데, 이는 당면한 체제 위기 극복을 위해 시간을 벌고 김일성의 후광을 최대한 활용하려는 의도였다. 그리고 김일성의 3주기 탈상을 마치고 유훈통치를 끝낸 뒤인 1997년 10월 김정일은 당 총비서에 추대되는데, 김정일은 1998년 헌법 개정을 통해 기존의 국가주석제와 중앙인민위원회를 폐지하고 국방위원회를 중심으로 하는 '군사중심' 체제를 통해 자신만의 정당성을 확보하게 된다.

김정일에서 김정은으로의 세습

다음으로 김정일에서 김정은으로의 세습 과정을 살펴보자. 20

년 이상 단계적으로 세습 과정을 밟아온 아버지와 달리 김정은은 조금 다른 세습 과정을 밟게 된다.

김정은은 2010년 9월 28일 제3자 당대표자회를 통해 신설된 당 중앙군사위원회 부위원장으로 임명하면서 공식적으로 등장하게 되었다. 하지만 2011년 12월 17일 김정일이 급작스럽게 사망하면서, 장기간에 걸쳐 세습 과정을 준비하던 김정일과 달리 짧은 후계기간을 거칠 수밖에 없었다. 그리고 김정은은 김정일 사망 후 4개월 정도의 유훈통치 기간을 거쳐 실질적 권력을 장악하게 되었다.

2011년 12월 29일 김정일 사망 추도대회에서 김정은은 '당과 군대와 인민의 최고영도자'로 격상되었고, 12월 30일 당중앙위원회 정치국회의에서는 인민군 최고사령관으로 추대되었다. 이어 2012년 신년공동사설에서는 '김정은은 곧 김정일'이라는 유훈통치를 선언하게 된다. 마침내 2012년 4월 11일 제4차 당대표자회 및 4월 13일 최고인민회의 제12기 제5차 회의를 통해 김정은 체제를 공식화하게 된다. 김정일 사망 후 약 4개월여 만에 최고 권력자의 지위에 공식적으로 오르게 된 것이다.

그리고 마침내 2016년 5월 제7차 당대회에서 '선군정치'의 상징이었던 국방위원회를 폐지하고 국무위원회를 신설하였으며, 신설된 국무위원회 위원장직과 조선노동당 위원장직에 추대되었다, 그리고 그 해 6월 최고인민회의 제13기 제4차 회의에서 '국무위원회 위원장'직에 추대되게 된다. 그리고 2021년 1월 제8차 당대회에서는 신설된 '총비서'에 추대됨으로써 실질적 권력을 단계적으로 장악하게 된다.

김주애로의 권력 세습은 가능할까

최근 북한의 상황을 보면 북한체제의 세습이 3대로 그칠 것으로 보이지는 않는다. 북한은 현재 김정은의 둘째 자녀로 알려진 김주애를 계속적으로 노출시키고 있다. 김정은의 딸 김주애는 2022년 11월 18일 대륙간탄도미사일ICBM 화성-17형 시험발사 현장에 처음 등장한 이후, 2023년 2월 8일 북한군 창건 75주년 열병식 등 주로 군사분야에서 김정은의 공개행보에 동행하면서 존재감을 키워 왔다. 2023년 9월 9일 북한 정권수립 기념 열병식에서는 주석단 특별석에 김정은과 나란히 앉아 특별한 위상을 보여주기도 했다. 2023년 8월 해군사령부와 11월 공군사령부 방문 시 군 사령관들의 거수경례를 받는 모습들에서 김주애에 대한 높아진 의전 수준을 보여주었으며, 특히 11월 공군사령부 방문 시에는 김정은과 비슷한 가죽코트를 입고 김정은보다 앞쪽에서 촬영한 사진이 공개되어 여러 해석을 낳기도 했다. 북한에서 김정은이 사진의 가장자리에 밀려나는 것은 상당히 예외적인 일이기 때문에 당시 공개된 사진을 두고 김주애를 부각하려는 의도로 읽힌다는 평가가 많았다.

2025년 들어 김주애는 공식적인 외교무대에도 등장하고 있다. 2025년 5월 주북한 러시아 대사관 공식 행사에 김정은 위원장과 함께 동행하면서 처음으로 외교무대에 등장하였으며, 6월 29일 평양 동평양대극장에서 열린 러시아 예술단의 공연에 이어 당 중앙위원회 본부청사에서 열린 올가 류비모바Olga Lyubimova 러시아 문화부 장관과의 면담에 김정은과 함께 접견하기도 하였다.

2025년 6월 24일 착공 7년 만에 완성된 원산갈마해안관광지구 준공식에는 김정은의 부인인 리설주가 1년 반 만에 모습을 드러냈는데, 김정은 옆에는 김주애가 있었으며 리설주는 딸인 김주애 바깥쪽에 서서 철저하게 김주애를 앞세우는 모습을 보여주었다. 김주애의 위상이 상당한 수준임을 보여주는 것이라 할 수 있다.

무엇보다 국제사회의 주목을 끌었던 것은 2025년 9월 3일 중국 전승절 80주년 열병식 참석을 위한 김정은의 베이징 방문 일정에 김주애가 동행한 사실이다. 물론 김주애는 열병식 행사 현장에는 등장하지 않았지만, 베이징에 도착하여 열차에서 내린 김정은 바로 뒤에서 중국의 서열 5위인 차이치蔡奇 중국공산당 중앙서기처 서기와 왕이王毅 중국 외교부장 겸 중앙외사판공실 주임 등의 영접을 받는 모습이 공개된 것은 그 자체로 김주애의 입지가 상당한 것임을 보여주는 것이라 할 수 있다. 이처럼 국제사회의 다자외교 무대에 본격적으로 등장한 것은 정말 김주애가 명실상부한 후계자의 지위를 획득한 것이 아닌가 하는 해석을 낳고 있다.

물론 아직까지 김주애가 과연 김정은의 후계자가 될 것인지를 분명하게 단언하기는 쉽지 않다. 하지만 처음 김주애가 등장한 3년여 전과 비교해 보면 김주애의 북한 사회 내에서의 위상은 물론이고, 그

녀를 바라보는 시선에도 상당한 변화가 생긴 것은 분명한 사실이다. 최근 들어서는 국정원 등도 김주애를 '유력한 후계자'로 판단한다는 입장을 밝히기도 했다. 한편에서는 2021년 제8차 당대회 때 당규약을 개정하여 김정은을 총비서로 추대하면서, '총비서의 대리인'으로 명시한 제1비서직을 공석으로 둔 것은 김주애로의 권력 승계를 위한 제도적 장치라는 평가가 존재하기도 한다.

물론 다른 한편에서는 김주애를 후계자로 판단하기는 아직 이른 시점이며, 김정은이 김주애를 노출시키면서 의도적으로 국제사회의 관심을 끌고 있다는 평가도 있다. 또한 자녀를 동반하는 자연스러운 모습을 통해 주민들에게 자연스럽게 '애민' 이미지를 심어줄 뿐 아니라 체제결속을 도모하고 있다는 시각도 있다.

중요한 점은 김주애의 후계자 여부는 조금 더 지켜봐야 알 수 있겠지만, 김주애를 지속적으로 노출시키고 심지어 최근 들어 북한의 가장 강력한 동맹국인 중국과 러시아와의 외교무대에서 그녀를 드러냈다는 점은 앞으로 북한이 정치적으로는 더욱 강고하게 4대 세습을 통해 사회주의 체제를 공고화할 의지가 있음을 보여주는 것이라 할 수 있다.

4. 북한에서 조선노동당은 어떤 조직일까

사회주의 국가의 보편적인 특징은 국가권력이 당에 집중되어 있다는 점이다. 즉 당-국가체제party-state system가 사회주의 국가의 특징인 것이다. 사회주의 국가에서 당은 최고의 권위와 권한을 가진 혁명조직으로서 모든 권력의 원천이며, 모든 국가기구와 사회조직은 당의 지배하에서 당의 노선과 정책을 집행하는 도구로 봉사하게 된다.

북한에서도 마찬가지로 노동당은 최고의 위상과 권한을 가진 권력의 원천이며, 북한 체제와 권력 구조를 이해하는 핵심이다. 북한 사회주의헌법 제11조는 "조선민주주의인민공화국은 조선노동당의 영도 밑에 모든 활동을 진행한다"고 하여, 헌법상 당의 독점적 지위에 대해 명시하고 있다. 이는 당이 북한 권력의 산실이며, 당이 다른 기관보다 우위에 있는 권력구조임을 명백히 하는 것으로, 당이 모든 조직들 가운데 가장 높은 형태의 혁명조직이며 기타 각종 정치조직들을 영도하고 있음을 밝히고 있는 것이다. 또한 2021년 1월 8차 당대회에서 개정된 당규약 서문에서도 "조선노동당은 위대한 수령들을 영원히 높이 모시고 수반을 중심으로 하여 조직사상적으로 공고하게 결합된 노동계급과 근로인민계급의 핵심부대, 전위부대이다"라고 규정하면서, 당의 영도적 지위를 명시하고 있다.

조선노동당의 기능과 역할

그렇다면 노동당의 주요 기구와 그 역할들에 대해 좀 더 살펴보도록 하자.

먼저 당대회이다. 당대회는 5년에 한 번씩 열리는 노동당의 공식적 최고 의사 결정 기구이다. 조선노동당 규약 23조에 의하면 당대회는 당중앙위원회의 사업을 총화하고, 당의 강령과 규약을 수정·보충하고, 당 노선과 정책 및 전략·전술에 관한 기본문제를 토의·결정하고, 당중앙위원회를 선거하고, 당 총비서를 선거하는 것을 주요 사업으로 하고 있다. 그러나 실제로는 김정은의 지시나 당중앙위원회나 정치국이 내리는 결정을 사후적으로 추인하는 형식적인 기능을 수행하고 있다.

당대회는 김정은 집권 이후 5년마다 열리고 있는데, 처음부터 이러한 원칙이 지켜진 것은 아니었다. 2010년 9월 28일 제3차 당대표자회에서 당규약을 개정하기 전까지 당대회는 5년에 1회 당중앙위원회가 소집하도록 되어 있었지만, 그 원칙은 잘 지켜지지 않았다. 그래서 1980년 6차 당대회에서 2016년 7차 당대회가 개최되기까지 36년간 당대회가 개최되지 않기도 했다. 이에 북한은 44년 만에 개최한 2010년 제3차 당대표자회에서 5년 주기로 되어 있던 당대회 개최 규정을 삭제하는 대신 당중앙위원회가 당대회를 소집하며 소집 날짜는 6개월 전에 발표하도록 했다. 이후 2021년 1월 제8차 당대회에서는 당대회는 5년에 한 번씩 당중앙위원회가 소집하며, 소집에 관한 권한 발표는 수개월 전에 하도록 당규약 제22조를 다시 개정하였다. 결국 5년 만에 개최되는 당대회는 2016년 5월의 제7차 당대회와 2021년 1월 제8차 당대회가 전부라 할 수 있다.

36년만에 열린 2016년 제7차 당대회에서 김정은은 김정일 시대 선군정치의 상징이라 할 수 있었던 국방위원회를 폐지하고 국무위원회를 신설하였으며, 신설된 국무위원회 위원장직과 조선노동당 위원장직에 스스로 추대됨으로써 자신을 중심으로 한 당 중심의 지도체제를 확고히 하였다.

36년간 당대회가 열리지 않은 이유는?

1980년 6차 당대회 이후 2016년 7차 당대회까지 36년간 당대회가 열리지 않은 것은 여러 내부적 요인들이 복합적으로 작용한 결과라고 할 수 있다.

먼저 김정일로의 권력 승계를 위한 전략적 측면으로, 그 사이 당대회를 열 경우 1980년대 후반부터 실질적 권력을 행사했으나 1997년 당 총비서에 오른 김정일의 후계구도와 권력 정당성에 대한 불확실성이 대두될 수 있었기 때문이다. 두 번째는 김정일 시기의 '선군정치'의 영향 때문으로 이 기간 동안 당 중심의 정치 시스템이 아닌 군을 중심으로 한 통치가 이루어졌기 때문이다. 세 번째는 북한체제를 둘러싼 국내외 위기 때문으로 1990년대 사회주의 국가들의 붕괴와 '고난의 행군'과 같은 위기 상황에서 당대회와 같은 대규모 행사는 정치적 부담으로 작용할 수 있었기 때문이다.

결국 36년간 당대회가 열리지 않은 것은 단순한 지연이 아니라 의도적 회피와 체제 전략에 따른 것으로, 북한은 권력 승계의 민감한 시기에 제도적으로 당대회를 무력화시켜 체제의 안정을 추진하였으며, 이후 김정은 정권이 제도적 정비와 권위 확립을 위해 다시 당대회를 소집하면서 그 공백이 마무리되게 된다.

이후 다시 5년 뒤에 열린 2021년 제8차 당대회에서는 5년 만에 당 정무국을 폐지하고 비서국을 부활하였으며, 김정은이 당 총비서로 추대되어 당 중심 지도체제를 더욱 강화하였다. 또한 핵무력 고도화, 국방공업 발전 등 국방력 강화방안을 제시하였으며, '국가경제발전 5개년 계획$_{2021\sim2025}$'을 새롭게 내놓았다.

두 번째 당 기구는 당중앙위원회와 당중앙위원회 전원회의이다. 조선노동당 규약 제26조에 의하면 당중앙위원회는 전원회의를 1년에 한번 이상 소집하는데, 당의 중요한 문제들을 토의결정하고, 당중앙위원회 정치국과 정치국 상무위원회를 선거하며, 당중앙위원회 제1비서, 비서들을 선거하고 비서국을 조직하며, 당중앙군사위원회를 조직하고 당중앙검사위원회를 선거하는 권한을 가지고 있다. 또한 당규약을 수정하여 당대회에 제기하여 승인을 받는 권한도 가지고 있다.

당중앙위원회 역시 김정은 시기 들어 강화되는 모습을 보이고 있다. 당중앙위원회 전원회의는 김일성 시기인 1993년 제6기 21차 회의를 마지막으로, 김정일 시기인 2010년 9월 전원회의 개최 전까지 공개적으로 열리지 않았다. 매년 1회 이상 열리도록 되어 있는 당중앙위원회 전원회의가 17년 만에 열린 것이다. 2010년 9월에야 김정은 3대 세습의 공식화와 이를 위한 제도적 기반을 마련하기 위해 제3차 당대표자회의 및 당중앙위원회 전원회의가 개최되었다.

하지만 김정은 집권 이후인 2012년부터는 2012년 4월 제4차 당대표자회와 2016년 5월 제7차 당대회 등을 계기로 정례적으로 개최되고 있다. 최근만 하여도 2023년 제8기 제7~9차 전원회의가 열려 모두 3차례 개최되었으며, 2024년에도 제8차 제10~11차 전원회의가 열려 2차례 개최되었다. 특히 2023년 12월 26~30일 개최된 제9기 제9차 전원회의에서는 2023년 주요 정책집행 총화와 함께 2024년 투쟁방향과 과업이 제시되었는데, 이 자리에서 김정은은 "북남관계는 더 이상 동족관계, 동질관계가 아닌 적대적인 두 국가관계, 전쟁 중에 있는 두 교전국 관계로 완전히 고착"되었다며 핵무력 사용 가능성과 남한 전 영토 평정을 언급하였다. 2025년 6월에는 제8기 제12차 전원회의가 개최되었으며, 7월에는 전원회의 확대회의를 열어 마무리 단계에 접어든 국가 경제발전 5개년 계획 수행방안을 점검하였다.

세 번째 당기구는 당중앙위원회 정치국, 정치국 상무위원회, 비서국이다. 조선노동당 규약 제27조에 의하면 당중앙위원회 정치국은 전원회의와 전원회의 사이에 당 중앙위원회의 이름으로 당의 모든 사업을 조직지도하며, 당중앙위원회 전원회의를 소집하는 권한을 가진다. 1980년 제6차 당대회에서 신설된 정치국은 김정은 집권 이후에는 리영호나 장성택 숙청과 같은 주요 사안들을 당 정치국 회의 혹은 정치국 확대회의를 통해 결정할 만큼 중요한 위상을 가지게 된다. 2024년 1월 23~24일 열린 제8기 제19차 정치국 회의에서는 '지방발전 20×10 정책'과 관련한 의제를 다루었다.

2013년 장성택의 숙청

김정일 사망 이후 김정은 정권 권력기반 강화에 역할을 했던 장성택이 2013년 12월 8일 당 정치국 확대회의에서 체포된 후, 12월 12일 전격적으로 처형되었다. 김정은의 고모부이기도 했던 장성택의 숙청 이유에 대해서는 여러 분석이 있지만, 실질적으로 군과 공안권력에 상당한 영향력을 행사하고 있던 장성택을 숙청함으로써 김정은 체제의 초기 권력 정비 과정에서 체제 장악력을 극대화하기 위한 것이라는 주장이 설득력을 얻고 있다.

2021년 제8차 당대회에서 개정된 당규약 제28조에는 당중앙위원회 정치국 상무위원회 부분을 신설하였는데, 정치국 상무위원회는 정치, 경제, 군사적으로 시급히 제기되는 중대한 문제들을 토의결정하며, 당과 국가의 중요간부들을 임면하는 문제를 토의하는 권한을 가진다. 또 정치국 상무위원회 위원들은 당 총비서의 위임에 따라 정치국회의를 사회할 수 있다.

당중앙위원회 비서국은 당중앙위원회를 실질적으로 주도하는 핵심 권력기구이다. 1966년 신설되었다가 2016년 제7차 당대회에서 정무국으로 개편되었으나, 2021년 8차 당대회에서 당규약 개정에 따라 다시 비서국으로 명칭을 바꾸었다. 당규약 29조에는 당 내부사업과 그 밖의 실무적 문제들을 토의·결정하고 그 집행을 조직·지도하는 당내 핵심 부서로 규정되어 있다.

네 번째 당기구는 당중앙군사위원회이다. 당중앙군사위원회는 당 내부에서 군사 정책을 총괄하고 군에 대한 당의 지도를 실현하는 핵심기관이다. 북한은 당이 국가와 군을 이끌어 나가는 당-국가체제인 만큼, 당중앙군사위원회는 군에 대한 당의 통제를 구체화하는 핵심 기구라고 할 수 있다. 2021년 개정된 당규약 30조에서는 당중앙군사위원회를 당대회와 당대회 사이의 당의 최고군사지도기관이라고 규정하면서, 조선노동당 총비서가 당중앙군사위원회 위원장으로 된다는 조항을 신설하였다. 특히 김정은 시기 들어 당-국가체제가 복원되면서 당중앙군사위원회에서 안보 및 군사분야와 관련한 중요한 결정들이 이루어지고 있다는 분석이 많다.

Chat GPT가 그린 북한의 당대회 모습

마지막 당기구는 당중앙검사위원회이다. 당중앙검사위원회는 당의 감찰·감사기구로 당 내에서 당 규율과 기강을 감시·감독하고, 부정부패나 당규 위반을 적발 및 처리하는 역할을 한다. 북한은 당이 모든 것을 지도하는 당-국가체제인 만큼 당 조직인 당중앙검사위원회가 국가기관은 물론이고 기업소, 군, 보안기관까지 감사할 수 있는 권한을 갖고 있다. 2021년 8차 당대회에서 당규약을 개정하면서 기존에 당원의 당규을 위반 책임 추궁 및 도당위원회 제의와 당원의 신소를 심의·처리하는 업무를 수행하던 당중앙검열위원회가 당중앙검사위원회로 통폐합됨에 따라, 당중앙검사위원회는 그 권한과 기능이 더욱 확대되었다.

5. 북한에서 헌법은 어떤 의미인가

우리나라의 경우 헌법은 국가의 기본을 세우는 법률이다. 그리고 모든 다른 법률에 우선한다. 그만큼 국민적 공감대와 합의가 필요한 사항이기 때문에, 그동안 헌법 개정 논의는 상당히 있어 왔지만 1987년 헌법이 마지막 개정일만큼 헌법 개정은 쉽지 않으며 전 국민적 합의가 필요한 중요한 사항이라 할 수 있다.

하지만 북한은 수시로 체제의 수호논리를 대변하기 위해 헌법을 개정해 왔다. 한 마디로 북한체제를 옹호하고 대변하기 위해 정권의 필요에 따라 수시로 그 내용을 변경해 온 것이다. 이처럼 수시로 개정되는 헌법은 그 정치적 의미가 우리와는 다름을 분명히 보여준다고 할 수 있다. 그리고 무엇보다 큰 문제는 북한이 헌법의 내용을 대내외에 잘 공개하지 않아 파악이 쉽지 않다는 점이다. 헌법은 한 나라의 기본 원칙과 지향점을 보여주는 것인 만큼 이러한 점은 북한 정치체제의 문제를 분명히 보여주는 것이라 할 수 있다.

북한 헌법 11조에 "조선민주주의인민공화국은 조선노동당의 영도 밑에 모든 활동을 집행한다"고 규정하고 있듯이, 북한은 당이 모든 것을 결정하고 국기기관은 당의 의사를 그대로 집행한다는 점에서 당이 지배하는 체제이다. 따라서 자유민주주의체제인 우리와는 헌법이 갖는 의미가 다르며, 헌법의 규정과 실제의 현실 내용도 다르다고 할 수 있다.

북한 헌법의 변화 과정

북한은 1948년 9월 최고인민회의 제1차 회의에서 최초의 헌법을 채택하여 '조선민주주의인민공화국'을 수립한 후, 여러 차례 헌법을 개정하였다, 그동안의 북한 헌법의 주요 내용과 변화 과정을 간단히 짚어본다면, 북한 체제를 이해하는데 도움이 될 것이다.

여러 차례의 헌법 개정 중 대표적으로 의미를 평가받는 것은 1972년과 1992년, 1998년, 그리고 2012년에 있었던 헌법 개정이었다. 북한에서는 1972년을 경계로 그 이전의 헌법을 「인민민주주의헌법」으로, 그 이후의 헌법을 「사회주의헌법」으로 부르고 있다. 그리고 1998년 개정헌법은 「김일성헌법」으로 규정하였고, 2012년 개정헌법부터는 「김일성-김정일헌법」으로 부르고 있다. 북한 헌법의 주요 변천과정을 간단하게 살펴보도록 하자.

먼저 1948년 체제 수립과 함께 채택된 헌법이다. 1948년 헌법은 개인의 생산수단 소유를 인정하는 등 아직 봉건적 잔재와 자본주의적 잔재가 완전히 청산되지 않은 상태인 인민민주주의 단계에서의 헌법이라고 할 수 있다. 인민민주주의 단계는 사회주의의 발전단계에 있어서 과도기의 단계로, 1948년 헌법은 사회주의 사회 건설까지의 임시적 성격을 띠고 있다. 1948년 헌법은 수도를 서울이라고 규정함으로써 한반도 전체를 지배하는 헌법적 구상을 피력하고 있으며, 헌법 개정 절차에 대한 규정이 포함되어 있다. 이러한 내용들은 1972년과 1992년의 헌법에서는 사라진 부분이다.

이후 북한은 1972년 12월 최고인민회의 제5기 제1차 회의에서 기존 헌법을 폐지하고 「사회주의헌법」을 채택하였다. 그동안 수정 혹은 수정보충 되어오던 헌법을 새롭게 다시 채택한 것으로서, 1972년은 북한 헌법을 그리고 북한 정치체제 자체를 이해하는데 중요한 기점이라 할 수 있다.

1972년 헌법의 가장 큰 특징은 주석제를 도입하여 김일성의 1인 지배체제를 제도적으로 보장하였다는 점이다. 주석은 국가의 수반으로 국가주권을 대표하는 명실상부한 국가의 최고 직위이다. 개정 헌법은 김일성의 주체사상을 통치 이념으로 명문화하고, 김일성을 우상화하기 위해 김일성이 교시 내지 지도하였다는 청산리정신과 청산리방법, 천리마운동, 대안의 사업체계 등을 헌법 조항으로 규정하였다. 한편 수도를 서울에서 평양으로 수정한 점도 중요한 개정사항이라 할 수 있다.

청산리정신, 청산리방법이란?

대안의 사업체계와 함께 북한의 대표적인 경제관리체계를 의미한다. 김일성이 1959년 12월 당 전원회의에서 생산관계의 사회주의적 개조가 완성된 새 환경에 맞게 사업체계와 사업방법을 개선하도록 지시를 내리고, 이듬해인 1960년 2월 평안남도 강서군 청산리 협동농장을 15일간 현지지도하면서 이를 일반화하도록 재차 지시한 데서 비롯됐다. 청산리정신, 청산리방법은 처음에는 농업 분야에서 출발했으나, 점차 모든 경제분야의 기본적 지도방법으로 통용되게 된다.

북한 헌법의 변화과정을 이해하는데 의미 있는 또 다른 기점은 1992년의 헌법 개정이다. 북한은 1992년 4월 최고인민회의 제9기 세3차 회의에서 「사회주의헌법」을 개정하였는데, 이는 1972년 이후 무려 20년 만에 이루어진 개정이며 1948년 기준으로는 7번째 헌법 개정이다. 1972년 헌법이 김일성 독재 권력 구축 이후 이를 정당화하기 위한 것이었다면, 1992년 헌법은 김정일에게 권력을 승계하기 위한 과도적 헌법이라 볼 수 있다.

1992년 개정 헌법은 권력 구조 면에서 국방위원회를 중앙인민위원회로부터 분리하여 주석과 중앙인민위원회가 가지고 있던 군사 관련 제반 기능과 권한을 국방위원회로 이관하였다. 이를 통해 군사 관련 업무를 국방위원장 산하로 일원화하고, 국방위원회의 권한을 대폭 강화하였다. 그리고 1993년 국방위원장에 김정일을 선출함으로써 김정일의 위상 강화와 군부 장악을 법적으로 뒷받침하였다.

1992년 개정 헌법에서 주목해야 할 또다른 사항은 바로 국가 지도이념 면에서 맑스-레닌주의를 삭제하는 대신 주체사상의 독자성을 강조하였다는 점이다. 이는 동유럽 사회주의권 붕괴로 인한 대내외적인 환경 변화를 반영한 것으로 대외정책 추진원칙에 있어서는 종래의 '맑스-레닌주의와 프롤레타리아 국제주의 원칙'을 '자주성을 옹호하는 세계인민들과의 단결', '자주·평화·친선' 등으로 바꾸어 명시함으로써 이념적 색채를 약화시켰다.

1998년 개정 헌법은 김정일로의 권력 전환을 분명히 하였다는 점에서 의미가 있다. 북한은 1998년 9월 최고인민회의 제10기 제1차 회의에서 헌법을 대폭 개정하고, 서문을 신설하여 개정 헌법을 '김일성헌법'으로 명명하였다. 1998년 헌법은 김정일이 1997년 유훈통치를 끝내고 당 총비서로 추대되어 실질적으로 정권을 장악한 상황에서 김정일의 통치 스타일을 헌법적으로 구현하기 위해 개정된 것으로, 김정일 시대의 출범을 선언하는 의미가 있다고 하겠다.

1998년 헌법의 특징의 가장 큰 특징은 주석제를 폐지하고 정무원을 내각으로 개편하였으며, 국방위원회와 최고인민회의 상임위원장 체제로 권력의 기존 구조를 바꿨다는 점이다. 최고인민회의 상설회의는 최고인민회의 상임위원회로 그 이름을 바꾸고, 국방위원회의 권한을 대폭 강화하였다. 이에 따라 최고인민회의 상임위원장은 명목상 북한을 대표하는 국가수반이 되었으며, 김정일은 그 위상이 한층 강화된 국방위원회를 통해 군대뿐만 아니라 국정 전반을 실질적으로 장악하게 되었다. 경제 관련 분야에서는 사적 소유 범위를 확대하고, 대외무역에 대한 통제를 완화했으며, 기업들의 자율권을 증대시키고자 했다.

1998년 이후 한동안 헌법 개정이 이루어지지 않다가 북한은 2009년 4월 최고인민회의 제12기 제1차 회의를 통해 헌법을 일부 개정하였다. 개정 헌법에서는 국방위원장을 국가기구로 별도로 다루면서 '최고영도자'로 국가의 전반 사업을 지도한다고 명시하여 국방위원장의 법적 지위와 권한 강화를 헌법으로 명문화하였다. 또한 '공산주의'라는 용어를 삭제하고 '선군사상'을 국가 활동의 지도적 지침으로 삼는다고 하는 등 전반적으로 김정일의 권력 강화를 뒷받침하였다.

김정은 시대의 헌법 개정

그렇다면 김정은 시대에는 헌법 개정이 어떻게 이루어졌는가. 김정은 시대는 이전에 비해 권력의 필요에 따라 헌법을 더욱 빈번히 개정하고 있다. 김정은 집권 이후 북한은 2025년 1월까지 헌법을 여덟 차례 개정했다.

우선 정권 초기의 개헌은 김정은으로의 권력 승계를 위한 것이었다. 북한은 김정일 사망 이후인 2012년 4월 최고인민회의 제12기 제5차 회의에서 김정은으로의 권력승계를 위해 헌법을 개정하였다. 개정 헌법은 서문에서 김정일을 '영원한 국방위원장'으로 명문화하면서 핵보유국을 명시하였다. 그리고 '국방위원회 제1위원장' 직제를 신설하여 국방위원장의 권한을 그대로 승계하도록 하였다. 북한은 이 헌법을 '김일성-김정일헌법'으로 명명하였다.

이후에도 김정은은 필요에 따라 헌법을 개정하였다. 2013년 4월 1일 최고인민회의 제12기 제7차 회의를 개최해 헌법을 개정하며 서문에 '금수산태양궁전' 관련 내용을 추가하고, 12년 의무교육제를 반영하였다. 그리고 2016년 6월 최고인민회의 제13기 제4차 회의를 개최하여 헌법을 개정하면서 국방위원회를 폐지하고 국무위원회를 신설하여 관련 임무와 권한을 명시하였다. 그리고 '국무위원장은 공화국 최고영도자'로 명시했다. 2016년 헌법 개정은 김정일 시대 선군정치라는 군 중심의 비상관리체제가 공식적으로 종료되고 사회주의 당국가체제가 정상화 국면에 돌입하였음을 보여주는 것이라 할 수 있다.

2019년에는 두 차례에 걸쳐 헌법이 개정되었다. 두 번 모두 국무위원장인 김정은의 권한 강화를 위한 헌법 개정이었다. 2019년 4월 최고인민회의 제14기 제1차 회의에서 개정된 헌법의 가장 큰 특징은 국가기구에서 일원화된 통합체계를 구축하여 '국무위원장 중심의 국가영도체계'가 제도적으로 완성되었다는 점이다. 이전에는 국가기구가 헌법상 국무위원회와 최고인민회의로 분리되어 있었는데, 헌법 개정을 통해 최고인민회의 상임위원장 최룡해를 국무위원회 제1부위원장에 임명함으로써 최고인민회의가 국무위원회 산하로 편입되게 만든 것이다. 이미 2017년 최고인민회의 제13기 제5

차 회의에서 선출한 최고인민회의 부문위원회인 외교위원회도 헌법에 명기되었다. 또한 국무위원장에게 "국가대표"임을 명시하였으며, '선군사상', '선군정치'와 같은 김정일 시대의 구호들은 헌법에서 삭제되었다. 그리고 경제관리에서는 대안의 사업체계 대신 사회주의기업책임관리제가 제시되었다.

이후 북한은 같은 해인 2019년 8월 최고인민회의 제14기 제2차 회의를 개최하여 헌법을 개정하였는데, 국무위원장의 권한을 확대하여 최고인민회의 법령, 국무위원회 중요 정령과 결정을 공포하는 권한, 재외 외교대표를 임명 또는 소환하는 권한을 새로 부여하고, 국무위원장이 최고인민회의 대의원을 맡지 않도록 명시했다.

2023년 9월 최고인민회의 제14기 제9차 회의에서는 핵무력 강화 방침을 규정하는 헌법 개정안이 채택되었는데, 헌법 58조를 "책임적인 핵보유국으로서 나라의 생존권과 발전권을 담보하고 전쟁을 억제하며 지역과 세계의 평화와 안정을 수호하기 위하여 핵무기 발전을 고도화한다"라는 내용으로 개정하였다. 핵무력의 지속적인 강화와 핵보유국으로서의 지위를 헌법적으로 확고하게 한 것이다. 이 개정은 2022년 9월 최고인민회의 제14기 제7차 회의에서 「조선민주주의인민공화국 핵무력 정책에 대하여」를 법령으로 채택하여 핵무력정책을 법제화한 것을 헌법을 통해 다시 한번 확고히 한 것이다.

아직 그 내용이 알려져 있지는 않지만 북한의 보도 및 발표 내용을 종합하면, 2024년 10월과 2025년 1월에도 헌법 개정이 이루어진 것으로 보인다. 2023년 12월 제8기 제9차 당 전원회의에서 김정은이 남북관계를 "더 이상 동족관계, 동질관계가 아닌 적대적인 두 국가관계, 전쟁 중에 있는 두 교전국 관계로 완전히 교착됐다"고 선언한 이후, 2024년 1월 최고인민회의 제14기 제10차 회의에서 김정은은 시정연설을 통해 남북관계를 '교전 중인 국가관계'로 규정하면서 헌법 개정을 시사하였다. 물론 북한은 이후 2024년 10월과 2025년 1월 최고인민회의 결과를 보도하면서 헌법 개정을 통해 통일 조항을 삭제하였는지, 영토조항을 추가하였는지의 여부는 밝히지 않고 있다. 다만 2024년 10월 17일 「노동신문」이 남북연결도로 폭파 소식을 보도하면서 "대한민국을 철저한 적대 국가로 규제한 공화국 헌법의 요구"에 따른 것으로 해설하면서 헌법을 개정하였음을 시사하였다.

2025년 1월 22~23일 열린 최고인민회의 제14기 제12차 회의에서 헌법 일부 조문이 다시 수정되었는데, 「노동신문」은 1월 24일 보도에서 "중앙재판소와 중앙검찰소의 명칭을 최고재판소, 최고검찰소로 수정하는 것과 관련한 '조선민주주의인민공화국 사회주의 헌법의 일부 조문을 수정함에 대하여'를 만장일치로 채택했다"고 전하였다. 하지만 북한은 아직 공식적으로 대한민국을 헌법을 통해 적대국가로 규제했는지는 밝히지 않고 있다.

이처럼 북한 헌법을 이해하는데 가장 유의해야 할 점은 북한에서는 헌법의 규정과 실제의 현실 내용이 심각한 차이를 보인다는 점이다. 국제사회는 북한 주민의 인권침해 현실에 대해 주목하고 있지만, 실제 북한 헌법에서는 인권에 대한 보장을 명시하고 있다는 점이 그러한 모순을 잘 보여준다고 할 수 있다. 북한 헌법 제8조2023년 개정에는 "국가는 착취와 압박에서 해방되여 국가와 사회의 주인으로 된 노동자, 농민, 군인, 지식인을 비롯한 근로인민의 이익을 옹호하며 인권을 존중하고 보호한다"고 명시하고 있으나, 실제 그렇지 않다는 것은 모두가 알고 있는 사실이다. 그리고 계속 살펴본 바와 같이 정권의 필요에 따라 수시로 헌법을 개정하거나 수정보충함으로써 헌법 개정이 가지는 의미 자체가 우리와는 크게 다르다는 점도 유의해야 할 사항이다.

첫 번째 - 함께 톺아보기

중국, 베트남과 비교하여 북한의 사회주의는 어떤 점이 비슷하고, 어떤 점이 다른지 생각해 보자.

북한 수령체제 유지를 위한 논리인 '사회주의 대가정'과 '인민대중 중심 사회주의' 중 과연 무엇이 진짜 북한의 모습에 가까운지 생각해 보자.

북한의 체제 운영의 원리 측면에서 '사회정치적 생명체론'과 '사회주의 대가정론'에 대해 평가해 보자.

김정일로의 권력 세습 과정과 김정은으로의 권력 세습 과정을 서로 비교해 보고, 어떻게 서로 다른 과정을 거치게 되었는지를 설명해 보자.

김주애로의 권력 세습, 더 나아가 북한의 4대 권력 세습이 가능할 것인지 생각해 보자.

북한에서 조선노동당은 어떤 성격을 가진 조직이며, 당의 주요 기구들은 어떤 역할을 하고 있는지 생각해 보자.

북한에서 헌법의 기능과 역할은 무엇인지, 우리의 헌법과는 어떻게 다른지 생각해 보자.

두 번째

북한의 통치이념과 통치담론 알아가기

1. 북한의 통치이념은 무엇인가

통치이념이란 국가나 사회가 어떻게 통치되어야 하는지에 대한 기본적인 생각이나 사상이라 할 수 있다. 어느 체제가 그러하듯 북한에서도 시기별로 통치이념이 바뀌어 왔는데, 이러한 통치이념의 변화는 첫 번째 장에서 살펴본 바와 같이 북한 정치체제의 작동원리와 대를 이은 권력 세습 과정 속에서 살펴볼 수 있을 것이다.

그렇다면 김일성, 김정일, 그리고 김정은으로 이어지는 각 시기별 핵심 통치이념의 변화를 중심으로 북한을 좀 더 알아가 보기로 하자.

김일성 시대의 통치이념: 주체사상

김일성 시대의 통치이념은 바로 주체사상이다. 북한이라고 하면 바로 주체사상이 떠오를 만큼 우리에게는 익숙한 단어지만, 막상 주체사상이 무엇인지 제대로 알고 설명할 수 있는 사람들은 그리 많지 않을 것이다. 주체사상에 대해 조금 더 자세하게 알아가 보자.

주체사상은 정치, 경제, 사회, 문화, 외교, 군사는 물론이고 주민들의 일상생활에 이르기까지 말 그대로 북한의 모든 분야를 규정하고 지배하고 있는 이념체계이다. 그리고 주체사상은 김일성 시대는 물론이고 이후까지도 북한의 정치체제 전반을 관통하는 통치이념이라고 할 수 있다. 북한은 주체사상을 김일성이 창시하고, 김정일이 이론적으로 심화시켰다고 강조하고 있다.

그렇다면 주체사상은 어떻게 시작되었으며, 어떤 과정을 거쳐 발전되어 지금에 이르게 되었을까?

북한에서는 1950년대 중반부터 주체성에 대한 논의가 활발해지기 시작했다. 이는 당시 북한이 처한 국제정세적 환경을 보면 다소 이해가 가는 측면도 있다. 당시는 사회주의 국가의 실질적 두 축인 소련과 중국간의 갈등, 즉 중·소분쟁이 심화되는 시기였다. 또 1953년 3월 스탈린이 사망한 후 북한에 대한 소련의 통제력이 약화되는 시기이기도 했다. 이 시기를 틈타 북한 내부에서는 김일성 체제의 정통성 확보를 위해 당내 반대세력을 제거할 필요성이 높아졌고, 또 자립적 사회주의 건설을 위한 독자적 이데올로기 수립의 필요성이 제기되었다. 이에 등장한 것이 바로 '주체'라는 개념이다.

1950년대 중·소분쟁의 전개 과정

1950년대 초반 소련과 중국은 긴밀한 협력관계를 맺고 있었다. 양국은 1950년 2월 14일 '중소 우호동맹 및 상호원조 조약'을 체결하였으며, 한국전쟁에서도 군사적으로 협력하였다. 이 시기 중국은 소련의 군사적 원조에 크게 의존했고, 소련 역시 사회주의권 내에서 중국의 지지를 필요로 했다. 하지만 양국 간에는 1950년대 중반 들어 균열이 발생하게 되는데, 그 계기는 1956년 소련공산당 제20차 대회에서 흐루쇼프의 스탈린 격하와 평화공존론의 제시였다. 이에 중국은 소련의 노선에 불만을 품기 시작하였는데, 소련의 평화공존 정책과 스탈린 비판은 중국에게는 사회주의권 결속 약화와 제국주의에 대한 투쟁 포기처럼 비춰졌기 때문이다. 이 무렵 중국은 더 이상 소련에 대해 종속적인 위치에 머무르지 않으려는 자주적 태도를 드러내기 시작했다. 양국 간 갈등은 1958년 중소 정상회담에서 본격적으로 표면화되었는데, 마오쩌둥은 흐루쇼프와의 회담에서 소련의 군사기지 설치 요청, 공동함대 건설 제안 등에 비협조적인 태도를 보였으며 소련에 대한 불만과 독자 노선을 강조하였다. 1959년 이후 중국은 소련의 노선을 '수정주의'로 비판하면서 양국의 이념적·정책적 대립이 심화되었으며, 1960년대 들어서면서는 군사·과학·교육 등 모든 분야에서의 교류가 단절되고 소련은 중국 내 군사고문단을 철수시키는 등 양국 간 갈등은 극에 달하게 된다.

이에 1955년 '사상에서의 주체'를 시작으로 1956년 '경제에서의 자립', 1957년 '정치내정에서의 자주', 1962년 '국방에서의 자위', 그리고 1966년 '정치외교에서의 자주'를 표명하면서 주체사상의 이론적 체계화가 진행되기 시작하였다. 그리고 1967년 경 '주체사상'이 유일사상체계 확립 차원에서 정립되기 시작하였다.

그리고 1970년 제5차 당대회에서 북한은 주체사상을 당의 유일사상으로 천명하게 된다. 1970년을 기점으로 주체사상이 마르크스-레닌주의와 동등한 위상을 점하며 노동당의 공식 이념으로 채택된 것이다. '유일적 영도'와 '혁명적 수령관'을 주체사상에 결합시킴으로써, 주체사상은 김일성의 절대 권력을 합리화하기 위한 통치담론으로 변화되게 된다. 그리고 1980년 제6차 당대회에서 주체사상은 당의 '유일적 지도사상'으로 규정되면서, 독자적 통치이념으로 자리잡게 된다.

이처럼 주체사상은 김일성의 유일사상체계 수립 과정에서 제도화되고 공식화되는 과정을 거쳤다. 그리고 1980년대 후반에 이르러서는 그 논리를 더욱 보강하여 '사회정치적 생명체론'이나 '우리식 사회주의'로 확장되게 된다. 물론 1990년대 중반 이후 심각한 경제난을 극복해야 하는 어려움에 직면하면서 이념적 구호에 치중한 주체사상의 영향력은 점차 약화되는 모습을 보여주기도 하였다.

하지만 현재까지도 여전히 주체사상은 북한의 핵심 통치이념으로서의 위상을 보여주고 있다. 2021년 1월 제8차 당대회에서 개정된 당규약 서문에는 '김일성-김정일주의'를 최고강령으로 성문화하면서, 이것이 주체사상에 기초하고 있음을 명시하고 있다. 개정 당규약은 서문에서 "김일성-김정일주의는 주체사상에 기초하여 전일적으로 체계화된 혁명과 건설의 백과전서이며 인민대중의 자주성을 실현하기 위한 실천투쟁속에서 그 진리성과 생활력이 검증된 혁명적이며 과학적인 사상"이며 "조선로동당은 온 사회의 김일성-김정일주의화를 당의 최고강령으로 한다"는 내용을 추가하여, 주체사상의 기반 위에서 '김일성-김정일주의'를 성문화하였다.

김정일 시대의 통치이념: 선군사상

김일성 시대를 관통하는 통치이념이 주체사상이라면, 김정일 시대의 통치이념은 바로 '선군사상'이다.

선군先君사상이란 말 그대로 군사력 강화를 최우선으로 하고, 정치, 경제, 사회, 문화 등 모든 부문에서 군이 중심이 되는 정치사상을 말한다. 즉 김정일은 군이 가진 자원과 역량을 활용하여 경제를 회복하고, 약화된 당의 사회통제 기능을 군 조직을 통해 보완하여 체제의 안정을 도모하기 위한 목적으로 선군사상을 등장시켰다. 군대를 전면에 내세워 정권과 체제유지는 물론이고 사회주의 건설의 주력군으로 군을 활용하기 위해 선군사상을 강조한 것이다.

이처럼 선군사상은 김정일 시기 체제의 위기를 극복하기 위해 등장하였다. 김정일은 1994년 사망한 김일성의 뒤를 이어 집권하였는데, 4년 여간은 이른바 유훈통치를 내세우며 실질적으로 전면에 나서지 않다가 1998년 본격적으로 등장하게 된다. 당시는 경제적으로도 최악의 상황이었다. 1990년대 중반 북한은 홍수 등 자연재해로 인해 심각한 식량난과 에너지난 등 총제적 경제위기 상황에 처하게 된다. 이 시기를 북한은 이른바 '고난의 행군'이라 부르는데, 이러한 경제적 위기에 더해 김일성의 사망과 1990년대 후반 사회주의 국가들의 붕괴를 연이어 겪으면서 김정일은 체제를 유지하기 위해 대안적 논리가 필요할 수밖에 없었던 것이다. 그리고 김정일은 군을 중심으로 그 위기를 극복하고자 하였다.

북한의 유훈통치

북한은 전임 지도자의 유언과 지시, 즉 '유훈'에 따라 후계자가 국가운영을 이어가는 유훈통치라는 북한 특유의 통치방식을 대를 이어 활용하고 있다. 김정일은 김일성 사망 이후 아버지의 절대적 권위를 자신의 통치 기반으로 삼아 자신의 정통성과 권력 기반을 강화하고자 하였다. 이 시기 김정일은 외부 노출을 최소화하며 권력 기반을 다졌으며, 자신이 김일성의 유훈을 실현하는 지도자임을 강조하며 주민들에게 고난의 행군 등 국가적 위기를 '위대한 수령의 부재'와 연결지어 인식시켰다. 결국 김정일의 유훈통치는 북한 특유의 혈연세습과 수령중심주의, 그리고 선대 권위의 지속적인 재생산을 통해 후계자인 자신의 권력 기반을 공고히 하려는 고도의 통치전략이라 할 수 있다. 김정은 역시 초기에는 김일성과 김정일의 유훈을 자신의 정통성의 근거로 삼아 영생론을 헌법에 포함시키고 기념사업을 강화하는 모습을 보였으나, 최근에는 2024년 김일성의 통일 유훈의 상징인 '조국통일3대헌장기념탑'을 철거하는 등 선대의 유훈을 폐기하는 모습을 보이고 있다. 즉 아버지 김정일과 달리 김정은 시대에는 유훈통치의 범위와 방식에 변화가 감지되고 있는 것이다.

즉 김정일은 상대적으로 약화된 당의 사회통제 기능을 군의 위상과 역할 강화를 통해 극복하기 위해 군을 통치 전면에 내세우는 선군정치를 추진한 것이다. 이에 선군정치 하에서 군은 단순히 전쟁을 위한 수단만이 아니라 혁명과 건설을 함께 수행해 나가는 역할을 담당하게 된다.

이러한 선군사상은 1998년 경 더욱 본격화되었다. 김정일은 1998년 헌법 개정을 통해 주석제를 폐지하고, 김일성을 '영원한 주석'으로 추대하면서 본격적으로 전면에 나서게 된다. 그리고 국방위원회를 '국가주권의 최고군사지도기관'으로 명시하여 수령의 유일적 영도 아래 나라의 전반적인 사업을 군사 선행先行의 원칙에 입각하여 통일적으로 지도·관리하는 역할을 부여하였다. 그리고 자신이 국방위원장직에 오름으로써, 1998년 헌법 개정과 함께 김정일 국방위원장을 중심으로 한 선군정치체계가 구축된 것이다.

북한은 2009년 4월 최고인민회의 제12기 제1차 회의에서의 헌법 개정을 통해 "선군사상을 자기 활동의 지도적 지침으로 삼는다"는 규정을 추가하면서, 주체사상과 더해 선군사상을 지도이념으로 채택하였다. 개정 헌법에서는 또한 "조선민주주의인민공화국의 주권은 노동자, 농민, 군인, 근로인테리를 비롯한 근로 인민에게 있다"며 이전 헌법에 없던 '군인'을 추가하고 군의 기본적 사명이 선군혁명노선의 관철이며, 국방위원회의 첫째 임무도 선군혁명노선의 관철이라고 규정하고 있다.

이에 더 나아가 2010년 제3차 당대표자회에서는 당규약을 개정해 선군정치를 '사회의 기본정치방식'으로 확립하고 선군의 기치 밑에 혁명과 건설을 영도한다는 것과 인민군대 강화와 방위력 개선, 사회주의 자립적 민족경제 발전, 사회주의 강성대국 건설 등을 추진할 것이라고 명시하였다.

이처럼 선군사상은 대내외적 위기를 극복하고 체제유지를 위해 제기된 김정일의 통치이념이다. 하지만 김정일의 선군사상은 부족한 자원을 국방을 중심으로 한 특권적 분야에 집중시킴으로써 자원 배분을 왜곡하였고, 이로 인해 경제가 오히려 더 피폐해지고 주민생활은 더 궁핍해지는 결과를 가져왔다. 당이 모든 통치의 우선이고 중심인 사회주의 국가인 북한에서 군을 앞세운 것은 지극히 예외적 상황으로 사회주의권의 붕괴와 수령인 김일성의 사망으로 집권한 김정일 시기의 예외적인 상황이 낳은 통치이념이라고 볼 수 있다.

김정일 시대의 선군사상은 이후 김정은 시대 들어와 점차 쇠퇴하게 된다. 사회주의 체제인 북한에서 군이 당보다 앞선다는 것은 예외적 상황에서 임시적이고 특별한 조치에 불과한 것으로서 공식적으로 위기가 사라진 김정은 시대에 새로운 정치담론이 등장한 것은 어찌보면 당연한 일일 것이다.

북한은 2016년 6월 헌법을 개정하여 국방위원회를 폐지하고 국무위원회를 신설하면서 국무위원회의 임무에서 선군혁명노선 관철을 삭제하였다. 그리고 2019년 4월 헌법 개정에서는 '선군정치'라는 표현이 공식적으로 삭제되었다. 이후 2021년 제8차 당대회에서는 당규약을 개정하여 사회주의 기본정치방식을 '선군정치'에서 '인민대중제일주의'로 변경하고, '김일성-김정일주의'를 통치이념으로 내세우게 된다. 김정은 시대 다시 당이 통치의 중심에 서면서 김정일 시대 통치이념인 선군사상은 단계적으로 사라지게 되는 것이다.

김정은 시대의 통치이념: 김일성-김정일주의

김정은 시대의 통치이념은 '김일성-김정일주의'이다. 김정은은 2011년 12월 17일 김정일이 사망한 이후 100일 공식 애도기간이 끝난 직후부터 '김일성-김정일주의'를 내세워 자신의 통치체제를 공고화하고자 하였다.

김정은은 2012년 4월 6일 이른바 '4.6 담화'에서 "김일성-김정일주의는 주체의 사상, 이론, 방법의 전일적인 체계이며 주체시대를 대표하는 위대한 혁명사상"이라며 '김일성-김정일주의'를 처음으로 언급하였다. '4.6 담화'는 권력 승계 시점인 2012년 4월 6일 조선노동당 중앙위원회 책임일꾼들과 한 담화에서 발표된 "위대한 김정일동지를 우리 당의 영원한 총비서로 높이 모시고 주체혁명위업을 빛나게 완성해 나가자"라는 김정은 명의로 된 첫 번째 노작이다. 김정은은 시작과 동시에 '김일성-김정일주의'를 내세웠을 뿐만 아니라, '김일성-김정일주의'가 주체사상에 뿌리를 둔 통치이념이라는 점을 분명히 한 것이다.

북한에서 노작(勞作)이란?

북한에서 노작이란 최고지도자의 사상, 이론, 정책 방향 등을 담은 모든 저작, 연설, 담화, 발표문 등을 포괄적으로 일컫는 용어이다. 북한의 『조선말대사전』에서는 노작을 "노동계급의 혁명이론발전에서 커다란 이론적·실천적 의의를 가지는 고전적 저서를 이르는 말"로 정의하고 있다. 북한에서 노작은 단순한 저작물을 넘어 최고지도자의 절대적 권위와 통치이념, 정책 방향을 집약적으로 담은 상징적·실천적 문서이기 때문에, 지도자의 권위를 신격화하고 체제의 정당성을 선전하며 사회 전반에 대한 통치 지침으로 기능한다고 할 수 있다.

이후 북한은 2012년 4월 11일 제4차 당대표자회에서 "조선로동당은 위대한 김일성-김정일주의를 유일한 지도사상으로 하고…”라고 당규약을 개정하여 ‘김일성-김정일주의’를 당의 지도적 이념으로 채택하였으며, 4월 13일에는 헌법을 개정하여 “김일성을 영원한 주석으로 김정일을 영원한 국방위원장으로”라고 서문에 명문화하게 된다. 북한은 2012년 4월 개정된 이 헌법을 ‘김일성-김정일주의 헌법’이라고 부르고 있다.

통치이념으로서의 김일성-김정일주의는 이후 계속적인 발전과정을 거치게 된다. 김정은은 2013년 6월 노작 “혁명발전의 요구에 맞게 당의 유일적 영도체계를 더욱 철저히 세울데 대하여”를 발표하고, 김일성-김정일주의에 대해 “김일성 동지께서는 주체사상을 창시하시여 혁명의 새로운 길을 열어놓으셨다”고 했으며, “김정일 동지께서는 주체사상을 전면적으로 체계화하시고 주체사상과 선군사상을 발전풍부화하셨다”고 밝혔다.

김정은은 2016년 5월 6일 제7차 당대회 사업총화보고에서 “사회주의위업을 완성하고 인민대중의 자주성을 완전히 실현하기 위하여서는 온 사회를 김일성-김정일주의화”해야 한다며 “온 사회의 김일성-김정일주의화는 우리 당의 최고강령”이라고 언급하기도 했다. 또 그 해 8월 열린 김일성사회주의청년동맹 9차 대회에서는 청년동맹의 이름을 ‘김일성-김정일주의청년동맹’으로 개칭하기도 했다. 2019년 4월 개정된 헌법 제3조에서는 ‘김일성-김정일주의’를 국가건설과 활동의 유일한 지도적 지침으로 밝히기도 했다.

2021년 1월 제8차 당대회에서는 당규약을 개정하여 ‘김일성-김정일주의’를 노동당의 유일한 지도사상으로 규정하였다. “온 사회의 김일성-김정일주의화를 당의 최고강령으로 한다"고 명시한 것이다. 이에 그 해 개최된 청년동맹 10차 대회에서는 '김일성-김정일주의청년동맹'이라는 명칭은 '사회주의애국청년동맹'으로 다시 변경하였다.

사회주의애국청년동맹

북한에서 노동당원이 아닌 북한 주민들은 청년동맹, 여성동맹(여맹), 직업총동맹(직총), 농업근로자연맹(농근맹)이라는 4대 근로단체에 가입해서 활동해야 한다. 청년동맹은 청년층을 대상으로 한 노동당의 가장 중요한 외곽단체로, 몇 차례 명칭이 변경되어 왔다. 해방 직후 여러 청년단체들이 통합되어 1946년 1월 '북조선민주청년동맹'이 발족하였으며, 한국전쟁이 한창이던 1951년 1월에는 형식적으로 남한의 민주청년동맹 조직을 통합하여 '조선민주청년동맹'으로 확대 개편하였다. 이후 1964년 '조선사회주의노동청년동맹(사로청)'으로 명칭을 변경하였으며, 김일성 사망 이후 개최된 1996년 사로청 창립 50돌 기념 중앙보고 대회에서 '김일성사회주의청년동맹'으로 명칭을 변경하였다. 당시 고난의 행군 시기에 김일성의 청년중시 사상으로 체제 위기 상황을 극복하려는 의도가 담겨 있었던 것이다. 이후 2016년 9월 청년동맹 9차 대회에서 '김일성-김정일주의 청년동맹'으로 명칭을 변경하였는데, 이는 당의 최고강령으로 "온 사회의 김일성-김정일주의화"를 제시한 2016년 5월 7차 당대회의 결정사항이었기 때문이다. 그리고 2021년 1월 8차 당대회에서는 '사회주의애국청년동맹'으로 명칭을 다시 변경하였는데, 이는 코로나19, 국제사회의 대북경제제재, 자연재해라는 당시 소위 '3중고'의 상황에서 청년들의 역할 강조가 필요했기 때문이라 볼 수 있다.

지금까지 살펴본 김일성-김정일주의는 어떤 의미를 갖는가? 북한은 '김일성-김정일주의'는 인민대중의 자주성을 실현하기 위한 혁명사상으로서, 사회변혁을 위한 구성 체계와 내용을 포함하는 동시에 사회변혁의 주체인 인민대중의 이익을 옹호하기 위한 지도 방법을 내포하고 있다고 강조하고 있다.

즉 김정은 체제의 공고화 과정에서 새로운 통치이념이 필요했던 북한 정권으로서는 노동당 규약 개정을 통해 주체사상과 선군사상에 사상적 기반을 두고 있는 김일성-김정일주의를 체계화함으로써 사상적 연속성을 확보하고자 한 것이다. 그러나 김일성-김정일주의는 그 내용이나 논리구조를 볼 때 새로운 사상을 담은 이념이라기보다는 김일성과 김정일이 표방한 주체사상과 선군사상을 그들의 이름으로 재규정한 것에 불과하다고 볼 수 있다.

북한은 이처럼 시대별로 주체사상, 선군사상, 김일성-김정일주의로 이어지는 통치이념의 변화를 통해 당시의 국내외적 상황 변화에 대응하여 체제를 강화하고, 주민들을 사상적으로 통제 및 억압하며, 권력을 정당화해 왔다.

2. 북한을 움직이는 통치담론들은 어떤 것들이 있을까

북한은 통치이념의 변화와 별개로 이러한 통치이념을 뒷받침하는 각종 통치담론들을 다양하게 생산해 왔다. 이러한 통치담론들은 단순한 수사修辭적 레토릭의 차원을 넘어 특정 정치체제에 대한 권위를 부여하고 권력 및 자원의 분배 양식을 정당화하는데 있어 핵심적인 매개 역할을 담당해 왔다.

북한의 주요 통치이념들을 뒷받침하는 통치담론들을 살펴본다면, 그 시기 북한의 체제유지를 위한 시도들을 좀 더 잘 이해하게 될 것이다. 즉 시대 변화에 따라 체제유지를 공고화하기 위해 어떻게 주민들을 동원하고 사회적으로 통제하며 사상적으로 옭아매려 했는지를 살펴보면 북한의 통치이념을 좀 더 잘 이해할 수 있을 것이다.

김일성 시대의 통치담론: 혁명적 수령관, 사회정치적 생명체론, 우리식 사회주의, 우리민족 제일주의

먼저 김일성 시기의 통치이념인 주체사상을 뒷받침하고 있는 통치담론들을 살펴보자.

첫 번째로 김일성 시기 대표적인 통치담론은 바로 '혁명적 수령관'이 있다. 혁명적 수령관은 한 마디로 수령을 인민 대중의 최고 뇌수이며, 통일단결의 중심이며, 자주성을 위한 혁명투쟁의 최고 영도자로 규정하는 것이다. 1960년 4월 김일성의 57회 생일을 기념한 전국사회과학자토론회에서 수령은 "전체 당원들과 근로자들을 통일단결시키는 유일한 중심이며 혁명과 건설에서 향도적 역량인 당과 정권기관, 근로단체들을 유일적으로 지도하는 최고 뇌수"로 규정하였는데, 이런 점에서 혁명적 수령관은 바로 김일성 유일지도체계의 이론적 기초라고 할 수 있다.

김일성은 1960년대 후반 권력투쟁을 마무리하고 1967년 당 중앙위원회 제4기 제15차 전원회의를 통해 수령 중심의 유일체제를 구축하게 되는데, 이 과정에서 주체사상과 함께 혁명적 수령관이 통치담론으로 확립되게 된다.

혁명적 수령관에서는 조선노동당과 조선민주주의인민공화국의 최고 강령이며 목적인 혁명 투쟁에서 수령이 차지하는 지위와 역할을 명시하고 있는데, 인민대중이 역사의 주체임을 인정하면서도, 혁명과 사회주의 건설에서 수령의 영도가 필수적이고 결정적임을 주장한다. 즉 인민대중이 조선민주주의 혁명의 주체와 창조자이지만, 인민대중이나 노동계급이 투쟁에서 승리하기 위해서는 수령의 영도가 필수적이고 결정적이라며 수령의 지위와 역할을 강조하고 있는 것이다.

주체사상을 뒷받침하는 두 번째 통치담론은 바로 '사회정치적 생명체론'이다. 사회정치적 생명체론을 한 마디로 설명하면, 바로 사회정치적 존재인 개개인이 당의 영도 밑에서 수령을 중심으로 하여 조직사상적으로 결속하면 영생하는 생명체인 '사회정치적 생명체'를 이룰 수 있다는 개념이다.

북한에서는 사람이 유한한 '육체적 생명'과 영생할 수 있는 '사회정치적 생명' 두 가지를 가지고 있는데, 이 둘 가운데 사회정치적 생명이 육체적 생명보다 귀중하다고 주장하고 있다. 이 사회정치적 생명의 중심은 수령인데, 수령은 생명체의 '뇌수'로서 사회 전체의 생명활동을 조직하고 지휘하는 절대적 존재로 규정된다. 인민대중은 수령의 영도를 통해서만 사회정치적 생명을 얻을 수 있으며, 그 결속이 끊어지면 사회적으로 '죽음'에 이르게 된다는 것이다.

이처럼 사회정치적 생명체론에서는 집단주의 생명관의 관점에서 개개인의 육체적 생명은 유한하지만, 수령, 당, 대중의 통일체를 이룰 경우 사회정치적 생명을 통해 영생하는 생명을 얻을 수 있다고 주장한다. 이러한 점에서 사회정치적 생명체론은 결국 집단주의적 생명관에 기초하여 개인의 육체적 생명의 유한성과 구별되는 사회정치적 생명의 영생을 강조함으로써 수령 중심의 전체주의적 독재체제를 정당화한 것이라 할 수 있다.

북한에서 사회정치적 생명체론은 1986년 7월 15일 김정일이 당중앙위원회 책임일꾼들 앞에서 한 "주체사상교양에 제기되는 몇 가지 문제에 대하여"라는 담화에서 처음으로 제시되었다. 담화에서 김정일은 인민대중이 당의 영도 아래 수령을 중심으로 조직·사상적으로 결속될 때 비로소 역사의 자주적 주체가 된다고 주장하였다.

사회정치적 생명체론은 이후 북한 사회의 집단주의, 수령 중심의 통치방식, 전체주의적 통치를 정당화하는 이념적 토대가 되었다. 개인주의적 가치보다 집단 내 가치 실현과 수령에 대한 헌신이 강조되면서, 북한 사회에서는 개인의 자유와 이익보다 집단의 가치와 수령에 대한 충성이 우선시되는 논리로 작동하는 것이다.

주체사상을 뒷받침하는 세 번째 통치담론은 바로 '우리식 사회주의'이다. 우리식 사회주의는 한 마디로 김일성 시대의 통치이념인 주체사상에 기초한 북한식 사회주의를 의미한다.

'우리식 사회주의'를 뒷받침하는 "우리식으로 살아나가자"는 개념은 1970년대 말부터 등장하게 된다. 1978년 12월 중국공산당 제11기 중앙위원회 제3전체회의3중전회를 기점으로 중국의 개혁·개방이 본격화되자 북한은 1970년대 말부터 "우리식으로 살아나가자"는 구호를 제시하기 시작하였다. 이 구호는 1978년 12월 당중앙위원회 책임간부협의회에서 김정일이 한 “당의 전투력을 높여 사회주의 건설에서 새로운 전환을 일으키자”라는 연설에서 처음으로 제시된 것으로 알려져 있다. 이 연설에서 김정일은 “우리식대로 살아 나가자. 바로 이것이 오늘 우리 당이 중요하게 내세우고 있는 전략적 구호이다”라고 말하며, 사상과 기술, 문화의 3대혁명 수행에서 주체사상의 요구를 철저히 구현해 나갈 것을 지시하는 의미로 ‘우리식’이라는 표현을 사용하였다.

그리고 이후 1980년대 중후반 소련 및 동유럽 사회주의 국가들의 개혁·개방에 직면하자 ’우리식 사회주의‘ 개념이 본격 강조되게 된다. 김정일은 1989년 12월 29일 당중앙위원회 책임일꾼들 앞에서 한 연설인 “조선민족제일주의정신을 높이 발양시키자”에서 ‘우리식 사회주의’라는 용어를 처음 사용하게 되는데, 당시 북한은 동유럽 사회주의 국가들이 몰락한 것이 주체사상과 같은 사상이 없었고 김일성·김정일 부자와 같은 지도자가 없었기 때문이라고 주장하였다. 이후 1991년 5월 5일 김정일의 담화인 “인민대중 중심의 우리식 사회주의는 필승불패이다”에서는 “우리나라의 사회주의는 사회역사발전에서 차지하는 인민대중의 지위와 역할에 맞게 인민대중이 모든 것의 주인이 되며, 모든 것이 인민대중을 위하여 복무하는 인민대중 중심의 사회주의”라고 규정하였다. 이후 김정일은 1994년 11월 1일 발표한 「사회주의는 과학이다」라는 논문에서 ‘우리식 사회주의’를 이론적으로 정식화하였다.

이처럼 북한은 1990년대 초 사회주의권의 붕괴라는 외부적 충격 속에서 체제유지를 위해 독자적 사회주의 노선을 내세우게 되는데, 체제 위기를 극복하기 위해 사회주의를 포기하고 자본주의로 복귀한 나라들이 겪고 있는 어려움을 부각시키면서 우리식 사회주의를 강조하게 된다. 북한은 우리식 사회주의란 '영원불멸의 주체사상'에 기초한 가장 독창적이고 우월한 사회주의, 인류의 참된 복지생활이 보장되는 이상사회를 구현한 정치제도라고 주장하면서, 이를 위해 "수령, 당, 대중이 일심단결하여 사회주의 제도를 튼튼히 고수하고 사회주의 위업을 끝까지 완성시켜 나가기 위해 몸바쳐 투쟁하자"고 주장하고 있다.

결론적으로 북한의 우리식 사회주의는 주체사상에 기반한 북한만의 독창적 사회주의 체제로, 외부의 변화와 도전을 차단하고 내부 결속을 강화하기 위한 정치적·이념적 방어전략의 산물이라고 할 수 있다.

이러한 우리식 사회주의 강조는 김정은 시대에도 이어지고 있다. 김정은은 2016년 제7차 당대회 사업총화보고에서 "수령·당·대중이 하나의 사상과 신념, 동지적 사랑과 의리로 굳게 결합되고 온 사회가 서로 돕고 이끄는 화목한 대가정이 되어 생사운명을 같이해 나가는 여기에 우리식 사회주의의 참모습"이 있다며 우리식 사회주의를 지키기 위한 투쟁 강화를 촉구하기도 했다.

이런 점에서 현재 우리식 사회주의는 다른 국가들과 차별화되는 사회주의를 내세워 주민들의 동요를 막고, 또 외부의 변화를 차단하여 다른 사회주의 국가들이 취한 방식의 개혁·개방을 하지 않고 체제를 유지하겠다는 의도를 드러내는 통치담론이라 할 수 있다.

주체사상을 뒷받침하는 또 다른 통치담론은 바로 '우리민족제일주의'이다. 이는 바로 앞에서 살펴본 '우리식 사회주의'와 유사한 배경에서 등장한 통치담론이라 할 수 있다.

1980년대 들어 사회주의권의 개혁·개방으로 심각한 위기의식을 느낀 북한은 변화를 차단하고 외부와의 단절을 추구함과 동시에 체제를 수호하기 위해 '우리민족제일주의'를 제시하게 된다. 즉 사회주의권의 붕괴를 맞아 조선민족은 이들과 다른 세계에서 가장 우월한 민족임을 내세우면서 '우리식 사회주의'의 우월성을 강조하고, '우리민족제일주의'를 체계화시켜 나가게 되는 것이다.

1985년경부터 북한에서는 민족주의를 새롭게 정의하고 해설하는 글들이 대거 출판되게 되는데, 1986년 7월 김정일의 당중앙위원회 책임간부들과의 담화 "주체사상 교양에서 제기되는 몇 가지 문제에 대하여"라는 글을 통해 '우리민족제일주의'라는 용어가 공식적으로 등장하였다. 그리고 1989년 9월에는 『우리민족제일주의』라는 책도 발행되었다.

우리민족제일주의를 강조하는 북한의 주장을 살펴보면, 북한이 다른 민족과 다르며 '제일'이라고 주장하는 것은 결국 김일성과 김정일의 사상과 혁명전통 때문이라는 것임을 알 수 있다, 이들이 주장하는 조선민족, 우리민족이 최고인 이유는 김일성과 김정일이라는 지도자, 주체사상, 노동당의 혁명전통, 북한식 사회주의 제도, 우리 민족의 유구한 투쟁의 역사 때문인 것이다.

결국 북한이 주장하는 '우리민족제일주의'는 '우리식 사회주의'라는 통치담론과 함께 주체사상이라는 통치이념과 결합하여 결국 최고지도자의 우상화 및 충성심 고취를 통한 체제유지를 핵심 목적으로 하고 있다고 할 수 있다.

김정일 시대의 통치담론: 붉은기사상, 강성대국론

북한은 김정일 시기 들어 선군사상을 통치이념으로 체제를 유지하려 하였다. 그렇다면 선군사상은 어떤 통치담론들에 의해 논리적으로 뒷받침되어 왔을까.

먼저 '붉은기 사상'을 들 수 있다. 북한에서 '붉다'라는 말은 단순히 색상을 표현하는 것을 넘어 특별한 의미를 지닌다. 북한에서 '붉다'는 것은 항일 유격대원들이 이른바 혁명적이라는 뜻으로 '붉은 동무', '붉은 마음', '붉은 바람', '붉은 탄알' 등으로 말을 만들어 쓴 데서 유래하는 것이다. 즉 북한에서는 김일성 사망과 북한의 위기, 그리고 고난의 행군으로 표현되는 식량난에 대응하여 기존의 '우리식 사회주의'를 넘어 체제위기를 극복하고 체제수호를 위한 새로운 정치담론으로 '붉은기 사상'이 등장한 것이다.

'붉은기 사상'은 1994년 11월 1일 김정일이 「노동신문」에 발표한 "사회주의는 과학이다"를 통해 "나의 사상이 붉다는 것을 선포한 것과 같다"고 말한 데서부터 시작되었다. 그리고 1995년 8월 28일 북한이 공산주의 청년동맹 결성일을 기념하는 이른바 「청년절」을 맞이하면서 「노동신문」이 "붉은기를 높이들자"는 정론을 발표함으로써 본격적으로 강조되었다. 이후 1995년 8월 '붉은기 철학', '붉은기 사상' 등과 같은 '붉은기' 관련 담론이 대대적으로 등장하게 된다. 1996년 1월 1일 "붉은기를 높이 들고 새해의 진군을 힘있게 다그쳐나가자"라는 제하의 공동사설을 발표한데 이어, 1월 9일 "붉은기는 조선혁명의 백전백승의 가치이다"라는 제하의 노동신문 정론을 발표해 붉은기사상이 정식화되기 시작했다. 정론에서는 붉은기사상을 "주체사상의 요구대로 오직 자기 힘을 믿고 자기식대로 살아나가며 자기 운명을 개척해 나가는 창조의 철학"이며, "주체사상에 기초하여 혁명의 근본원리를 밝힌 심오한 혁명철학"이라고 함으로써 주체사상의 하위개념임을 분명히 하고 있다.

북한은 붉은기사상의 실천적 지침으로 '혁명적 군인정신'과 '수령결사옹위정신'을 제시하고 있는데, 1997년 신년 공동사설에서는 "붉은기사상은 본질에 있어서 혁명의 령도자에 대한 절대적인 숭배심이며 령도자와 생사운명을 같이 하려는 수령결사옹위정신"이라며 김정일 중심 사상을 강조하고 있다. 여기서 '수령결사옹위정신'은 북한체제가 심각한 대내외적 위기에 직면해 있는 현실을 반영하여 위기 극복을 위해 '혁명적 수령관'이 변용된 것라 할 수 있다.

이처럼 붉은기사상은 김일성의 사망, 그리고 이른바 '고난의 행군'이라는 심각한 경제난에 직면한 당시 북한체제의 가장 심각한 위기 상황 속에서 위기 극복을 위한 상징적 구호라고 할 수 있다.

선군사상을 뒷받침하는 또다른 정치담론은 '강성대국론'이다. 북한이 주장하는 강성대국은 사상강국, 정치강국, 군사강국, 경제강국을 의미하는데, 북한은 김정일 정권의 출범과 함께 주민들에게 새로운 비전으로 강성대국 건설을 제시하였다.

강성대국이라는 용어는 1998년 처음 등장하였다. 1998년은 북한이 '고난의 행군'에서 '사회주의 강행군'으로 넘어가는 시기이기도 하고, 무엇보다도 유훈통치를 끝내고 김정일 정권이 공식적으로 출범하는 해이기도 했다. 이에 북한에서는 주민들에게 새로운 비전을 제시하고 김정일 체제의 정통성을 부여하기 위해 강성대국 건설을 제시하게 된다.

1998년 8월 22일 노동신문 정론은 강성대국론의 이론적 기반을 구축한 것으로 평가받고 있는데, 정론에서는 "사상과 군대를 틀어쥐면 주체의 강성대국건설에서 근본을 틀어쥔 것으로 된다"고 주장함으로써 강성대국 건설의 근본이 사상과 군대라고 주장하고 있다. 그리고 "사상의 강국을 만드는 것부터 시작하여 군대를 혁명의 기둥으로 튼튼히 세우고 그 위력으로 경제건설의 눈부신 비약을 일으키는 것이 우리 장군님의 주체적인 강성대국 건설방식이다"라고 밝히고 있다. 즉 북한이 주장하는 강성대국은 사상강국, 군사강국, 경제강국을 의미하며, 건설 방식 역시 사상강국, 군사강국을 이룩하고 이를 바탕으로 경제강국을 건설하는 순서를 주장하고 있다.

강성대국론은 첫째로 주체의 사회주의 나라 건설, 둘째로 수령중심의 강성대국 건설, 셋째로 선군정치, 일심단결, 자력갱생 등 기존의 주체노선을 유지·고수하고 있는데, 이는 선先사상·군사 건설, 후後경제 건설 방식을 의미하는 것이다. 이런 점에서 강성대국론은 사상의 강국을 만드는 것부터 시작해서 혁명의 기둥으로서 군대를 튼튼히 세우고, 그 위력을 바탕으로 경제건설을 추진한다는 의미를 가지고 있다고 할 수 있다.

김정은 시대의 통치담론: 김정일애국주의, 우리 국가제일주의, 인민대중제일주의

마지막으로 김정은 시기의 통치이념인 김일성-김정일주의를 뒷받침하는 통치담론에는 어떤 것들이 있을까.

첫 번째로 '김정일애국주의'를 들 수 있다. 김정은은 집권 초기인 2012년부터 '온사회의 김일성-김정일주의화'를 통치논리로 구현하는 실천담론으로서 '김정일애국주의'를 제시하고 있다.

김정은은 2012년 3월 2일 전략로켓사령부(현 전략군)를 시찰하면서 "어버이 장군님(김정일)의 모범을 따라 배워 '김정일식 애국주의'를 높이 발휘하는 데서 인민군대가 앞장서야 한다"고 강조하였다. 이후 2012년 5월 12일자 노동신문 사설을 통해 '김정일애국주의'라는 용어가 처음 등장하게 되는데, 이후 북한은 조선중앙방송 등 각종 언론매체를 통해 김정일애국주의를 강조하게 된다. 그리고 2012년 7월 26일 김정은은 '김정일애국주의를 구현하여 부강조국 건설을 다그치자'라는 노작(勞作)을 통해 '김정일애국주의'를 공식화하였다.

우리가 잘 알고 있는 것처럼 김정은은 김정일의 급작스러운 사망으로 아버지보다 훨씬 젊은 나이에 짧은 후계기간을 거쳐 최고지도자의 지위에 오르게 되었다. 따라서 초기에는 자신의 권력을 선대 수령의 권위에 의존할 수밖에 없었다. 이에 김정일애국주의를 통해 자신의 통치논리를 구현하고자 한 것이다.

김정일애국주의는 크게 '숭고한 조국관', '숭고한 인민관', '숭고한 후대관' 등 세 가지로 구성된다. 먼저 '숭고한 조국관'은 조국 보위와 조국에 대한 헌신을 강조하며, 조국을 수령과 동일시하는 논리이다. 조국에 대해 헌신하는 것은 수령에 대해 헌신하는 것과 같고, 결국 이것은 애국주의의 최고 표현이라는 것이다. '숭고한 인민관'은 인민을 하늘처럼 여기는 김정일의 애국신조를 강조하며, 인민이 있어야 조국도 있고 수령도 존재한다는 논리로 인민 중심의 국가관을 드러내고 있다. 마지막으로 '숭고한 후대관'은 미래 세대에 대한 책임과 사랑이 핵심으로, 자기 세대에는 비록 덕을 보지 못하더라도 먼 훗날에 가서 후대들이 그 덕을 볼 수 있게 모든 일을 완벽하고 훌륭하게 할 것을 강조한다.

이처럼 김정일애국주의는 조국과 인민, 후대를 위한 헌신과 실천을 강조하는 김정은 시기 통치담론이라고 할 수 있다. 하지만 이후 김정은 체제가 공고화되면서 북한 매체에서 김정일애국주의에 대한 언급은 점점 더 그 비중이 줄어들게 된다. 그리고 마침내 2021년 1월 제8차 당대회에서 개정된 당규약에서는 김정일애국주의가 공식적으로 삭제되었다.

이처럼 김정은은 자신의 통치의 안정화를 위해 선대의 사상을 계승하는 통치이념인 '김일성·김정일주의'를 공표하였고, 김정일애국주의를 그 통치담론으로 활용하였다. 하지만 김일성·김정일주의가 공고화되면서 김정일애국주의는 점차 그 공식적 역할이 사라지게 된 것이다.

김정은 시대 또 다른 통치담론으로는 '우리 국가제일주의'가 있다. 우리 국가제일주의가 언론에 처음 등장한 것은 2017년 11월 30일 「노동신문」 사설로 알려져 있다. 당시 사설에서는 화성15형 발사를 '민족의 대경사'로 강조하면서, "모든 일군들과 당원들과 근로자들은 우리 국가제일주의, 우리 민족제일주의를 심장 깊이 간직하고 사회주의 내 조국을 끝없이 빛내이기 위하여 삶의 순간순간을 영웅적 투쟁과 위훈의 서사시로 력력히 아로 새겨야 한다"고 언급하였다.

이후 우리 국가제일주의는 2019년 김정은의 신년사를 통해 본격적으로 통치담론으로 강조되기 시작하였다.

2019년 1월 1일 김정은 「신년사」 中

"전체 당원과 근로자들은 정세와 환경이 어떻게 변하든 우리 국가제일주의를 신념으로 간직하고 우리 식으로 사회주의 경제건설을 힘있게 다그쳐나가며 세대를 이어 지켜온 소중한 사회주의 우리 집을 우리 손으로 세상에 보란 듯이 훌륭하게 꾸려나갈 애국의 열망을 안고 성실한 피와 땀으로 조국의 위대한 력사를 써나가야 합니다."

북한은 「노동신문」 2019년 1월 8일자를 통해 '우리 국가제일주의'는 "사회주의 조국의 위대성에 대한 긍지와 자부심을 핵심"으로 하며 "나라의 전반적 국력을 최고의 높이로 올려세우려는 강렬한 의지"라고 설명하고 있다. 즉 "국가 부흥시대"에 걸맞는 "천하제일강국"을 만들겠다는 담론이라는 것이다.

'우리 국가제일주의'가 공식화된 2019년은 2018년 세 차례의 남북정상회담과 한 차례의 북미정상회담을 진행한 다음 해였다.

그리고 2차 북미정상회담을 앞두고 있는 시기이기도 했다. 즉 1990년대 '고난의 행군'을 이겨내고 국가핵무력을 완성하여 미국과 협상하는 당당한 국가를 사랑해야 한다는 것이 곧 우리 국가제일주의로 구체화된 것이다.

「노동신문」은 2019년 1월 22일 "우리 국가제일주의의 중요한 내용"이라는 기사에서 첫째, '존엄 높은 인민의 나라', 둘째, '사상적 일색화를 실현한 일심단결의 나라'. 셋째, '자립적 민족경제와 자위적 국방력을 건설한 기적의 나라', 넷째, '계승성이 확고한 전도양양한 나라'리는 4가지의 중요한 내용을 제시하였다.

이후 김정은은 2021년 1월 제8차 당대회에서 "국가의 존엄과 지위를 높이기 위한 결사적인 투쟁의 결과로서 탄생한 자존과 번영의 새 시대"를 열어놓았다면서, 이 새 시대를 '우리 국가제일주의시대'라고 규정하였다. 지금까지 이룩한 성과에 대한 인민들의 긍지와 자부심을 고취하고, 이를 바탕으로 사회주의 부강조국을 건설하겠다는 구호를 바탕으로 '우리 국가제일주의시대'라는 새로운 시대를 선포한 것이다.

'김일성-김정일주의'를 뒷받침하는 세 번째 통치담론으로는 '인민대중제일주의'가 있다. '인민대중제일주의'라는 개념은 2013년 1월 제4차 당세포 비서대회에서의 김정은의 연설을 통해 처음 등장하였는데, 연설에서 김정은은 "김일성-김정일주의는 본질에 있어서 인민대중제일주의"라고 언급하였다. 이후 2016년 5월 제7차 당대회에서 개정된 당규약에 '인민대중제일주의'라는 표현이 처음으로 포함되게 된다.

인민대중제일주의는 2020년 자력갱생의 기조 아래 집중 부각되게 되는데, 2021년 1월 제8차 당대회에서 개정된 당규약에는 "노동당은 인민대중제일주의정치를 사회주의 기본정치방식으로 한다"고 규정하고 있다. 북한은 인민대중제일주의를 '김일성-김정일주의의 본질'로 규정하거나, "이 세상에 인민대중제일주의보다 더 숭고한 이념은 없다"고 표현하는 등 다양한 방식으로 설명하면서 김정은 시대 최고의 가치임을 강조하고 있다.

북한의 대부분의 통치담론이 그렇듯 인민대중제일주의 역시 그 표현상의 수사와 실제 내용에는 상당한 괴리가 있다고 할 수 있다. 김정은은 인민대중제일주의, 인민대중제일주의정치, 이민위천以民爲天을 통해 모든 정책의 우선순위가 주민들의 생활 개선에 있음을 강조함으로써 외형적으로는 온정주의적 이념으로 정권을 정당화하면서 체제를 안정시키려는 전략을 취하고 있는 것이다.

일반적으로 모든 정치권력은 특정한 담론을 생산하고 유지히며, 이를 통해 이데올로기적 지배를 확고히 하고자 하는 속성을 지닌다. 주민들의 사상적 일체화를 추구하는 사회주의 국가인 북한은 특히 그러할 것이다. 이러한 점에서 본다면 북한에서의 정치담론은 사회주의 체제 이데올로기를 구체적으로 실존하게 하는 매개체이며, 그 자체로 이데올로기적 속성을 지닌다고 할 수 있다.

지금까지 살펴본 바와 같이 북한의 시기별 통치이념과 통치담론은 당시의 시대적 상황과 북한체제의 특징은 물론이고, 체제 유지 과정에서 북한이 겪고 있는 실질적인 한계와 문제점을 가장 잘 보여주고 있다고 할 수 있다. 각 통치이념과 통치담론들은 그럴듯한 수사와 주장으로 포장되어 있지만, 실제적으로는 북한체제의 구조적 문제점을 은폐하고 당의 유일영도체계와 세습독재체제를 강화하기 위한 수단에 불과하다 할 것이다.

ChatGPT가 그린 북한 중앙계획경제의 문제점

두 번째 – 함께 톺아보기

주체사상의 등장 배경과 함께 북한체제에서 주체사상이 가지는 의미, 그리고 지금까지 영향력을 발휘할 수 있었던 이유에 대해 생각해 보자.

선군사상이 김정일 시대 북한의 정치사회체제 전반에 어떠한 영향을 미쳤는지 생각해 보자.

오늘날 북한에서 김일성-김정일주의는 어떤 의미를 갖고 있는지 생각해 보자.

김일성 시기 주체사상을 뒷받침하는 여러 통치담론들의 내용과 정치적 의미에 대해 생각해 보자.

김정일 시기 선군사상을 뒷받침하는 여러 통치담론들의 내용과 정치적 의미에 대해 생각해 보자.

김정은 시기 김일성 · 김정일주의를 뒷받침하는 여러 통치담론들의 내용과 정치적 의미에 대해 생각해 보자.

매 시기 이어져 온 북한의 통치담론들의 내용과 성격, 그리고 그 근본적인 한계에 대해 생각해 보자.

세 번째

북한 경제체제의 특징 알아가기

1. 북한 경제체제는 어떤 원리로 유지되고 있는가

북한의 경제를 떠올리면 가장 먼저 연상되는 것은 아마 식량난이나 전력난, 에너지난 같은 단어일 것이다. 하지만 가끔 언론을 통해 보는 평양 여명거리나 대성백화점과 같은 번화가, 문수물놀이장과 같은 워터파크, 그리고 열병식에서 보여지는 최신 핵·미사일 무기 등을 보면 또 어느 정도 경제적 안정을 이룬 모습처럼 느껴지기도 한다. 그렇다면 과연 북한의 경제는 어떤 모습인지, 다른 국가들처럼 경제성장을 하고 있는지, 북한 경제체제는 실질적으로 어떤 원리로 유지되고 있는지를 함께 알아가도록 하자.

사회주의 경제체제로서의 북한 경제체제

북한은 사회주의 경제체제이다. 사회주의 경제체제의 기본은 생산수단을 당과 협동단체가 소유하는 사회주의적 소유제도를 운영하고 있는 것이다. 그리고 국가의 주도로 필요한 부분에 필요한 자원을 배분하여 경제를 운영한다. 기본적으로 경제계획의 수립을 비롯한 모든 경제적 의사결정 권한과 자원의 배분 권한이 중앙에 집중되어 있으며, 하부조직은 중앙의 명령에 복종해야만 하는 '중앙집권적 명령경제 체제'라 할 수 있다.

북한 헌법 제20조는 "생산수단은 국가와 사회협동단체가 소유한다"고 명시하면서, 사회주의 소유제도를 분명히 하고 있다. 그리고 국가소유는 전체 인민의 소유이고제21 사회협동단체 소유는 해당 단체에 들어있는 근로자들의 집단적 소유라고제22조 하면서 이를 구분하고 있다. 즉 나라의 모든 자원부원, 철도, 항공운수, 체신기관과 중요공장, 기업소, 항만, 은행은 국가만이 소유하며제21조, 토지, 농기계, 배, 중소공장, 기업소 같은 것은 사회협동단체가 소유할 수 있다제22조는 것이다.

이처럼 생산수단을 국가나 사회협동단체만이 소유할 수 있는 사회주의 체제는 경제의 자율성과 역동성 면에서 필연적으로 한계가 있을 수밖에 없다. 물론 북한에서도 제한적이나마 개인 소유를 인정하고 있기도 하다.

북한 헌법 제24조는 "개인소유는 공민들의 개인적이며 소비적인 목적을 위한 소유이다"라고 명시하고 있다. 제24조에서는 이어서 개인소유는 노동에 의한 사회주의 분배와 국가와 사회의 추가적 혜택으로 이루어지는데, 텃밭경리를 비롯한 개인부업경리에서 나오는 생산물과 그밖의 합법적인 경리활동을 통하여 얻은 수입도 개인소유에 속한다고 하면서, 국가는 개인소유를 보호하고 그에 대한 상속권을 법적으로 보장한다고 명시하고 있다.

이처럼 북한에서 개인 소유는 '생산수단에 대한 사회주의적 소유의 토대에서 발생한 사회주의에서의 개인 소유'로 개념화되고 있다. 물론 헌법에서 보듯이 북한에서는 생산수단을 개인이 소유하는 것은 아니다. 개인 소유의 대상은 근로자들이 받는 임금이나 저축, 가정용품, 소비물품 등이 해당한다. 개인 소유물은 종합시장 등을 통해 자유롭게 처분할 수 있으며, 그에 대한 상속권도 인정되고 있다. 특히 최근 시장화 현상이 확대되면서 개인 소유의 범위 역시 확대되어, 개인밭 소토지 경작물이나 장사활동을 통해 얻은 수입도 개인 소유의 대상으로 공식적으로 인정되고 있다.

이에 따라 북한 주민들은 생산수단을 개인적으로 소유할 수는 없지만, 생산수단에 대한 사회주의적 소유에서 발생한 부를 소유할 수는 있게 되었다. 또한 사경제활동을 통해 축적한 부를 화폐로 보유하거나, 가동이 중단된 공장·기업소, 상업기관에 투자할 수도 있게 되었다. 그리고 이 과정에서 생산수단을 사실상 개인적으로 소유하는 현상도 나타나고 있다.

사회주의 경제체제의 또 다른 기본적인 특징은 계획적 경제운영방식을 채택하고 있다는 점이다. 생산과 소비, 축적 등 경제활동 전반은 중앙정부가 수립한 계획에 따라 이루어지며, 각 부문과 지역,

공장 및 기업소는 중앙의 지시에 따라 움직이게 된다. 국가계획위원회 등 중앙정부가 경제 전체의 목표와 세부계획을 수립하고 이를 각 부문과 기업소에 하달하면, 모든 생산량과 자재 공급, 가격 등이 계획에 의해 결정되는 계획의 일원화·세부화가 이루어지는 것이다.

북한의 국가계획위원회

북한 경제정책의 기획, 수립, 지도, 감독을 총괄하는 내각의 행정기관으로, 1948년 9월 9일 북한 정권 수립 시부터 현재까지 그 명칭을 유지하고 있는 기관 중 하나이다. 북한에서 경제계획의 작성과 집행 및 감독은 국가계획위원회를 중심으로 도·시·군 및 기업소에 이르기까지 일원화된 체계로 이루어지고 있다.

북한에서는 1965년 9월 23일 '계획의 일원화와 세부화 원칙'이 발표되었는데, 이 원칙에 따라 도·시·군 및 기업소에 이르기까지 각급 단위의 계획부서들은 국가계획위원회 직속으로 개편되어 계획체제의 중앙집권화가 더욱 강화되었다.

먼저 국가계획위원회는 '계획의 일원화' 원칙에 따라 경제 전 분야에 걸쳐 당의 정책을 계획화하고 집행을 감독하고 있다. 내각의 각 위원회 및 부처들에도 계획부서가 있지만 여기서 작성한 모든 계획들은 국가계획위원회의 통제와 조정을 받도록 하고 있다. 계획의 일원화 체계는 국가계획위원회, 지구계획위원회, 내각의 성·위원회 계획부서, 도시 계획부서, 군구역 계획부서, 공장기업소 계획부서를 관통하는 하나의 수직적인 체계로 되어있다. 또한 국가계획위원회는 '계획의 세부화' 원칙에 따라 북한 경제에 있어서 산업 부문 간, 공장·기업소 간의 계획이 상호 맞물리도록 하는 조정 역할을 담당한다. 이처럼 북한의 계획경제 운영에서 계획의 일원화와 세부화는 서로 유기적인 상호관계 속에서 이루어지고 있다. 계획의 일원화·세부화 체계에 따라 북한 경제의 공식 부문을 운용하는 국가계획위원회에는 건설·경공업·과학교육·광업·금속공업·기계공업·노동·농업·도시경영·발전·운수·연유 등 부문별 계획 담당부서들이 주류를 이루고 있으며, 이외에 경제조사·기준제정·재정원가 등의 부서들로 구성되어 있는 것으로 알려져 있다.

'계획의 일원화와 세부화 원칙'으로 상징되는 북한의 중앙집권적 계획경제체제는 여러 한계를 드러내면서 현실에서는 기대했던 효과를 내지 못하였다. 첫 번째 이유는 집단적 차원에서도 개인적 차원에서도 개인의 성과에 따른 추가적인 보상이 없기 때문에 적극적인 실행이 이루어지기 어려웠기 때문이다. 중앙집권적 계획경제는 공장과 기업소와 같은 집단적 차원에서도 혹은 근로자 개인적 차원에서도 실질적인 물질적 동기를 부여할 수 있는 기제가 되지 못하였다. 더 열심히 적극적으로 계획을 실천한다고 해서 추가적으로 개별 기업소나 근로자 개인에게 부여되는 것이 없기 때문에 정책의 효율적인 추진이 이루어지기 어렵다는 근원적인 한계가 존재하였다. 또 다른 문제점은 중공업 중심의 투자로 인한 생산과 분배 사이의 불균형 문제였다. 군사부문을 중심으로 한 중공업에 대한 투자의 심화는 생산재 생산의 과잉과 소비재 생산의 부족을 야기하게 되고 이것은 결국 소위 '축적과 분배accumulation and distribution' 사이의 균형을 깨뜨리는 결과를 가져오게 된다. 이는 농민들의 생산에 대한 의욕을 떨어뜨리는 결과를 초래하였다.

그 결과 1980년대 중후반부터 북한의 계획경제체제는 위기에 직면했으며, 1990년대 이후부터는 중앙집중적·계획적 관리 시스템이 사실상 작동되지 못하면서 사실상 자연적으로 시장화 현상이 나타나게 되었다.

2. 북한 경제정책의 기조는 어떻게 변화하고 있는가

북한의 경제정책은 그동안 몇 차례 그 기조를 변경해 왔다. 시기별로 북한의 경제정책 기조가 어떻게 변화해 왔는지를 살펴보고, 이를 통해 북한 경제의 현실을 짚어보고자 한다.

김일성 시기 북한의 경제정책

북한은 한국전쟁 이후 '중공업의 선차적 복구 발전과 경공업, 농업의 동시 발전중공업우선 전략'이라는 발전전략을 통해 전후 복구를 하고자 하였다. 이 중공업우선 전략은 1953년 8월 5일 당 중앙위원회 제6차 전원회의에서 채택되었는데, 이는 자립적 경제기반을 위해 중공업을 우선적으로 발전시키고 그것을 바탕으로 경공업과 농업의 생산력 증대를 함께 발전시키겠다는 계획이었다. 중공업우선 전략은 초기에는 상당한 경제적 성과를 거두었다. 중공업우선 전략이 기본 경제발전 전략으로 채택된 전후 3개년 계획1954~1956년 시기에 북한은 높은 공업생산 성장률로 전후 공업부문에 대한 복구를 마쳤으며, 알곡 생산도 전쟁 전 수준을 넘어섰다고 스스로 평가하고 있다.

1960년대 북한은 사회주의 공업화 정책을 본격적으로 추진하게 되는데, 그 과정에서 '자립적 민족경제 건설 노선', '중공업 우선 발전 노선', '경제·국방건설 병진노선' 등을 주요하게 추진했다.

'자립적 민족경제 건설 노선'은 북한의 경제정책을 오랫동안 지배해 온 원칙이다. 북한은 자립적 민족경제를 건설한다는 것은 "남에게 예속되지 않고 제 발로 걸어 나가는 경제, 자기 인민을 위하여 복무하며 자기 나라의 자원과 자기 인민의 힘에 의거하여 발전하는 경제를 건설한다는 것"이라고 설명하고 있는데, 이러한 자립적 민족경제 건설 노선은 내부자원에만 의존한 발전을 추진함으로써 국제경제 환경에 제대로 대응하지 못하는 한계를 가져왔다. '중공업 우선 발전 노선'은 자립경제의 토대가 중공업에 있다고 보고 중공업 부문에 우선적으로 자원을 배분하고, 발전전략을 추진하는 원칙이다. 그리고 '경제·국방 병진노선'은 경제발전과 군사력 강화를 동시에 추구한다는 것으로, 이후 북한은 이 기조를 상황에 따라 조금씩 명칭을 변경해 가면서 유지해왔다.

북한은 제1차 7개년 계획1961~1970년 기간 동안 경제와 안보를 함께 발전시키자는 병진노선을 채택하게 되는데. 이는 국방부문에 투자를 늘려 경공업 등 다른 부분에서는 자원부족 현상을 심화시킬 수밖에 없었다. 북한은 1964년 3월 내각 결정으로 '계획의 일원화'

체계를 전면적으로 도입하였는데, 이는 당적지도와 통제를 '대안의 사업체계' 틀에서 강화하여 계획 수립에 있어 당의 통일적 지도체계를 확립하고 개별 공장과 기업소들이 조직 이기주의를 극복하여 낭비를 최소화하고 생산을 극대화하자는 것이었다. 그리고 1965년 9월에는 생산활동의 모든 지표들을 국가 계획안에 포괄하여 빈틈없이 세밀하게 서로 맞물리도록 하는 '계획의 세부화' 체계를 전면적으로 실시함으로써 중앙집권적 계획경제체제가 완성되게 된다.

문제는 이러한 중앙집권적 계획경제가 실질적으로 기대한 효과를 가져오지 못했다는 점이다. 개인의 자발적인 노력과 이로 인한 성취라는 실질적인 물질적 동기 부여가 존재하지 않는 중앙집권적 계획경제는 근본적인 성과를 가져올 수 없었다. 이는 모든 사회주의 계획경제체제의 문제점으로 우리가 가장 먼저 꼽는 것이기도 하다. 우리 기업소가 혹은 내가 더 열심히 한다고 해서 더 많은 것을 가질 수 없는데 굳이 계획 이상의 노력이나 성과를 거두려고 할 필요가 없기 때문이다. 중앙집권적 계획경제의 어려움은 이 뿐만이 아니었다. 병진노선으로 인해 중공업에 편파적인 투자가 심화되면서 경공업 등 다른 부분에 대한 자원 배분의 불균형을 가져와 경제규모가 커질수록 더욱 심각한 난관에 봉착하게 되었다.

이러한 문제가 지속되자 김일성은 1980년 10월 제6차 당대회에서 사회주의 경제건설의 '10대전망목표'를 제시하였으나, 이는 사실상 실패하고 말았다. 가까운 미래에 연간 일천억 킬로와트의 전력, 일억이천만 톤의 석탄, 천오백만 톤의 강철, 이천만 톤의 시멘트, 칠백만 톤의 화학비료와 천오백만 톤의 알곡 등을 생산하는 것을 목표로 한 '10대전망목표'는 사실상 불가능한 목표였다. 오히려 특정 부분에의 자원 배분의 불균형을 심화시키는 문제점 만 가져오게 되었다.

중공업 중심의 사회주의 계획경제가 한계에 부딪히자 북한은 1980년대 중반부터 내부적으로도 대외적으로도 경제기조를 조금씩 수정하기 시작했다. 국내적으로는 경공업 발전을 위한 정책을 추진하였고, 대외적으로는 개방 정책을 추진하기 시작한 것이다.

먼저 내부적으로는 그간 경시했던 경공업의 발전을 강조하는 전략을 추진하였다. 김일성은 1984년 12월 10일 당 중앙위원회 제6기 제10차 전원회의에서 "국가계획위원회가 주관주의적으로 현실에 맞지 않는 계획을 세워 내려보내 인민경제계획이 원만히 수행되지 못하였다"면서 국가계획위원회를 강하게 비판하고, 현 단계 경제건설에서 가장 중요한 과제로 전력생산의 정상화와 함께 경공업의 발전을 강조하였다. 특히 주목할 만한 점은 김일성이 연설에서 '독립채산제'를 언급하고 있다는 점이다.

'독립채산제'란 북한이 사회주의 계획경제체제에서 제기되는 생산력 저하 문제를 해소하기 위해 공장·기업소가 부문적으로나마 독자성을 가지고 경영활동을 할 수 있도록 한 경영관리방법을 말한다. 즉 공장이나 기업소가 국가로부터 받은 생산계획에 따라 제품을 생산하되, 그 과정에서 자체 수입매출과 지출원가, 임금 등을 책임지고 관리하는 제도를 의미한다. 이는 전통적인 중앙집중식 명령체계 하에서 생산 단위의 자율성과 책임성을 다소나마 확대하려는 시도로 볼 수 있다.

김일성은 인민소비품 생산을 늘이는 문제가 매우 절실한데, 이것은 바로 사회주의 경제관리를 개선하며 독립채산제를 바로 실시하는 문제와 밀접히 연관되어 있다고 보았다. 즉 근로자들의 물질적 동기를 높이는 것이 북한의 경제건설 현 단계에서 가장 중요한 문제임을 인식하고, 근로자들의 물질적 동기가 담보될 수 있는 체제로 독립채산제를 지목하고 있는 것이다.

북한에서 독립채산제의 변화

북한은 1962년 독립채산제를 처음으로 도입하였으며, 1970년대 초부터 중앙의 국영기업소와 지방의 공장·기업소를 포함한 공업부문은 물론 농업부문과 비생산적 부문인 유통부문으로 확대해 나갔다. 1998년 9월 사회주의 헌법 개정시에는 제33조에 "국가는 경제관리에서 대안의 사업체계의 요구에 맞게 독립채산제를 실시하며 원가가격수익성 같은 경제적 공간을 옳게 이용하도록 한다"라는 조문을 명시하면서 독립채산제를 명시화하였다. 2002년 7.1 경제관리개선조치를 통해 독립채산제는 더욱 전향적으로 수정되었는데, 북한은 2003년 회계법을 제정한 데 이어 2004년에는 「재정법」을 제정하여, 기업 경영의 최종 목표를 '원가 절감'에서 '순소득 증대'로 수정했다. 「재정법」은 또한 기업에 대한 재정적 통제를 완화하고 국가납부 방식을 비율 방식에서 정액납부 방식을 병행하여 기업의 부담을 축소하고자 하는 노력을 보여주고 있다.

또한 제6기 제10차 전원회의에서 김일성은 인민생활을 높이기 위해서는 공장, 기업소들에 생활필수품 직장과 작업반들이 나오게 하고 농촌과 가두假頭 인민반들에 부업반과 가내작업반을 많이 꾸려 인민소비품의 가지 수와 양을 늘려야 한다고 하였다. 이 명령에 의해서 이후 북한의 경제체제는 '계획의 일원화 그리고 세부화' 체계로 대변되는 중앙집권적 계획경제체제에서 각 부문 또는 연관기업소들 간의 내부시장을 갖고 계약을 위주로 자재조달과 생산이 이루어지고 사회주의적 분배를 바탕으로 하는 연합기업소체계로 바뀌게 된다.

김일성은 1985년 11월 당 중앙위원회 정치국회의에서 1973년부터 시범적으로 운영해 오던 연합기업소어머니 공장를 공업전반에 도입할 것을 주문하였다. 김일성은 정무원의 지도 아래 연합기업소를 두고 정무원은 연합기업소를 지도하고, 연합기업소 당위원회에서 연합기업소와 연합기업소 아래에 있는 다른 기업소들아들 공장들을 지도하게 하여 '계획의 일원화와 세부화' 체계에서 발생할 수밖에 없는 계획에서 규모와 범위scale and scope 문제를 해결하려고 하였다.

연합기업소란?

북한에서 '경영활동을 직접 조직하고 진행하는 경제 단위'는 기업소이다. 연합기업소란 국가적으로 중요하고 핵심적인 공장을 모공장(어머니 공장)으로 삼아 업종과 지역별로 유사한 공장들(아들 공장들)을 주위에 배치하는 대규모 공장 트러스트라 할 수 있다.

북한에서는 1973년부터 연합기업소가 조직되기 시작하였으며, 1974년 황해제철연합기업소, 강선제강연합기업소, 김책제철연합기업소, 28비날론연합기업소 등 6개의 연합기업소가 공식적으로 발족하였다. 그리고 1984년 김일성이 연합기업소를 전면적으로 내올 것을 주문한 이후 북한의 기업소 체제를 대표하는 형태로 자리잡게 된다.

연합기업소 체제는 1990년대 중반 고난의 행군 시기를 겪으면서 그 기능을 상실하게 되고, 이에 1998~2001년 사이에 대대적으로 연합기업소를 해체했다가 다시 재구성하는 과정을 겪었다. 최근에는 몇몇 기업소만이 연합기업소 체제를 유지하고 있는 것으로 보인다.

1980년대 중반 북한은 내부적으로는 경공업발전과 근로자들의 물질적 동기 부여를 위한 독립채산제, 그리고 연합기업소 체제의 도입과 함께 외부적으로는 대외 개방을 추구하기 시작하였다. 북한은 이미 1970년대부터 그동안 주장해왔던 자립적 민족경제 건설 노선을 일부 완화하고 대외개방 정책을 추진해 오기 시작했다. 그리고 마침내 1984년 서방의 자본과 기술을 도입하기 위해 외국 자본과의 합작을 공식적으로 법제화한 최초의 법률인 「합영법」을 채택하였다. 이전까지 북한은 소련을 비롯한 일부 사회주의 국가들과의 교류 외에는 자립적 민족경제 건설 원칙에 따라 폐쇄적 경제를 유지하고 있었는데, 외자 유치가 어렵게 되자 외국합작투자를 통해 경제적 어려움을 돌파하고자 한 것이다. 합영법의 도입에는 중국이 1979년 8월 중외합작기업법을 통해 상당한 성과를 올린 것에 대한 영향과 함께 1970년대 중반 이후 외환사정이 악화되면서 외채 지불연기 사태를 맞게 된 것도 영향을 미친 것으로 알려져 있다.

1980년대 후반 들어 북한은 제3차7개년계획1987~1993년을 통해 경제건설 목표를 수립하였으나, 이 시기 소련과 동구 사회주의권이 붕괴하면서 사실상 그 계획은 이루어지지 못하였다. 하지만 이 시기 공업전반을 연합기업소체계로 꾸리고 경공업과 무역을 활성화시키는 정책을 취하면서 조금씩 중앙집권적 계획경제 체제에서 탈피하는 모습을 보여주었다고 할 수 있다.

김정일 시기 북한의 경제정책

김일성 사망 이후 고난의 행군으로 경제난이 심화되면서 사실상 북한 경제는 제대로 작동하지 않게 되고, 사회주의 경제체제 유지의 기본이라 할 수 있는 배급체계마저 원활히 작동되지 않게 된다. 이러한 상황은 북한경제의 중앙집권적 성격을 더욱 약해지게 만들었다.

이에 김정일 집권 이후 북한은 '선군시대 경제건설노선'을 경제정책 기조로 추진하게 된다. 1994년 김정일 사후 유훈통치의 기간을 가진 김정일은 1998년 본격적으로 권력의 전면에 나서면서, 군대를 중시하는 '선군정치'를 통치이념으로 내세웠다. 1990년대 후반부터 북한은 경제·국방건설 병진노선을 추구하는 한편으로 '국방공업 우선론'을 강조해 왔다. 그리고 여기에서 더 나아가 2002년 선군정치의 실현을 경제적·물질적으로 보장하는 '선군시대 경제건설노선'이 제시되었다.

선군시대 경제건설노선은 한마디로 '국방공업 우선발전과 경공업·농업의 동시 발전'을 추구하는 경제발전전략으로 요약할 수 있다. 즉 '국방공업 우선발전'을 통해 안정적인 안보환경을 조성하고 이것이 경공업과 농업 등 민간경제 부문에 긍정적인 파급 효과를 가져와 경제발전에 기여한다는 전략인 것이다. 그 결과 핵실험이나 장거리 로켓 발사 등 비대칭무기 개발을 통한 군사력 강화가 우선적으로 추진되었으며, 경공업에 대한 투자는 국방공업이 우선된 후 이루어져 결국 중공업에 비해 경공업과 농업의 발전 성과는 크지 않은 수준이었다.

선군정치를 통해 사회주의 원칙을 지키면서 최대한의 실리를 추구하는 것에 경제건설의 방향이 맞춰지면서 북한은 2001년부터 연합기업소 체계를 재가동하게 된다. 고난의 행군 시기 일시적으로 폐지되었던 연합기업소 체계가 재가동되면서 독립채산제를 더욱 강조하게 되어, 모기업소 뿐 아니라 연합기업소 내의 모든 공장과 기업들이 독립채산제로 운영되는 2중 독립채산제의 적용을 받게 되었다. 이는 연합기업소 내의 자재의 수급과 공급이 연합기업소 내 기업간의 계약의 방식으로 이루어지면서, 연합기업소 내부 시장을 통해 자원이 배분된다는 것을 의미한다. 뿐만 아니라 연합기업소 간의 자재 수급과 공급도 연합기업소가 직접 자체의 자재 상사를 통해서 하고, 자기 기업 내부에서 해결할 수 없는 자재는 다른 연합기업소나 기관과의 계약을 통해 확보하도록 하였다. 즉 연합기업소 체계에서는 공장과 기업소들의 자재의 수급과 공급이 상황에 따라 연합기입소 내부 시장 혹은 연합기입소 간의 시장에서 이루어는 것이다. 이는 또 다른 자체 거래, 이중 독립채산제를 의미하는 것이다.

기업의 자율성을 강조하는 독립채산제의 강화는 '번수입' 지표라는 새로 실행된 국가납부체계에서 잘 나타난다. '번수입' 지표는 기업의 경영 성과를 평가하는 지표로, 한 마디로 '판매수입에서 원가를 뺀 금액'을 의미한다. 이는 기존의 생산량 중심 평가가 아니라 수익성을 중시하는 방식으로, 기업의 자율성을 확대하고 시장경제 활동을 일부 용인하는 조치로 이어지게 된다. '번수입' 지표는 2002년 '7·1 경제관리개선조치'가 취해지면서 함께 실행되었는데, 이는 자원배분이 전적으로 시장의 원리에 따라 이루어지는 것을 의미하는 것은 아니다. 기본적으로 '번수입'에 의한 국가납부를 우선적으로 보장한 이후 기업소가 사용할 몫이 배정되고. 기업소의 자체충당금과 근로자의 생활비 몫도 '번수입' 계획수행률에 따라 결정되기 때문에 사회주의원칙이 우선적으로 이루어진 이후에 추가적인 배분이 이루어지는 것이다.

다시 재가동된 연합기업소 체계에서는 '후방공급'이 이전에 비해 더욱 강조되었는데, '후방공급'은 단순히 종업원들의 후생과 복지를 지원하는 차원을 넘어서 기업소에서 자체적으로 농사도 짓고 돼지 또는 오리농장과 같은 목장도 운영하고 식료품 가공공장도 가동하여 종업원들에게 식량과 부식물 등을 제공하는 역할을 부여받게 되었음을 의미한다.

김정은 시기 북한의 경제정책

김정은 시기 들어서도 북한은 몇 차례 경제정책의 기조를 변경하였다. 2013년 3월 31일 당중앙위원회 전체회의에서 북한은 경제건설과 핵무력 건설을 동시에 발전시키는 '경제건설 및 핵무력 건설 병진노선'을 채택하였다. 이는 한 마디로 한편으로는 '자위적 핵무력'을 강화하고 발전시키면서 다른 한편으로는 경제건설을 통해 '사회주의 강성국가' 건설을 이루어 나가겠다는 것이다. 하지만 김정은의 병진노선은 김일성 시대의 '경제·국방건설 병진노선'과 비교해 봤을 때 상대적으로 경제를 강조하고 있기는 하나, 군사력에 대한 강조는 여전히 높은 수준이라 할 수 있다. 이는 계속된 핵 개발을 통해 국방분야에 치중되는 모습을 보여 북한경제의 어려움을 더욱 가중시키는 결과를 가져왔다.

이처럼 김정은 시기 북한은 여전히 대내적으로는 자력갱생의 원칙을 강조하며 경제의 주체성과 자립성을 강조하고 있다. 자립경제노선, 자력갱생노선이라고 불려지는 이 원칙들은 2017년 하반기 고강도 대북제재가 시작되면서 더욱 심화되었다. 이후 2018년 4월 20일 당중앙위원회 제7기 제3차 전원회의에서 '혁명발전의 새로운 높은 단계의 요구에 맞게 사회주의 경제건설에 총력을 집중할 것'이라는 새로운 경제전략노선을 공표했으나, 국제사회의 강력한 대북경제제재로 별다른 성과를 거두지는 못하였다.

김정은은 2021년 제8차 당대회에서 새로운 국가경제발전 5개년 계획을 제시하면서 "5개년 계획의 기본종자, 주제는 자력갱생, 자급자족"이라고 선언하였는데, 이는 북한이 오랫동안 지속해 온 내부의 자립적 민족경제 건설 노선에 더해 코로나19로 인한 국경봉쇄의 상황 등이 반영된 것이라 할 수 있다. 제8차 당대회에서 제시된 '경제발전 5개년 계획2021~2025년'은 이전 '국가경제발전 5개년 전략2016~2020년'의 실패를 인정하고 국가 주도의 계획경제 체제를 강화하며, 자력갱생을 중심으로 한 경제 회복을 목표로 하고 있다. 김정은은 기존 경제발전 전략이 "거의 모든 분야에서 목표를 달성하지 못했다"라고 평가하며 새로운 경제발전 전략을 제시하였는데, '자력갱생'과 '자급자족'을 전면에 내세워 5개년 계획 목표를 달성할 것을 독려하였다.

2025년은 북한의 '국가경제발전 5개년 계획'이 마무리되는 중요한 해이다. 이에 북한은 실질적 성과를 내기 위해 총력전을 펼치고 있는데, 2024년 1월 15일 제14기 제10차 최고인민회의에서는 '지방발전 20×10 정책'을 제시하여 매년 20개의 시군을 대상으로 지방공업공장을 건설해 주민들의 생필품 난을 해결하자는 정책을 내세웠으며, 2024년 12월 23일 개최한 당중앙위원회 제8기 제11차 전원회의 확대회의에서는 12개 중요고지 100% 달성과 농촌 현대화 및 지방공업발전 등을 주요 성과로 내세우며 2025년 국가경제발 5개년 계획의 성공적 마무리를 강조하였다.

12개 중요고지란?

2022년 12월 당중앙위원회 제8기 제6차 전원회의에서 제시된 '국가경제발전 5개년 계획' 달성을 위해 점령해야 할 12개 경제분야인 ①곡물, ②전력, ③석탄, ④압연강재, ⑤비철금속, ⑥질소비료, ⑦시멘트, ⑧통나무, ⑨천, ⑩수산물, ⑪주택, ⑫철도화물수송을 말한다.

3. 시장화와 비공식 경제는 어떻게 확산되고 있는가

1990년대 중반 무렵 북한은 심각한 경제적 위기에 봉착하게 된다. 이것이 바로 우리에게도 익숙한 '고난의 행군'이다. 고난의 행군은 1990년대 중후반 북한이 겪은 최악의 대기근과 총체적 경제난을 이르는 표현으로, 그 원인으로는 여러 가지가 지목되고 있다.

북한의 '고난의 행군'

고난의 행군은 김일성이 항일 빨치산 시절인 1938~1939년 중국 만주에서 혹한과 굶주림 속에서 100여 일간 행군한 경험에서 따온 표현으로, 이후 북한은 국가적 시련을 극복하기 위한 상징적 구호로 고난의 행군이라는 표현을 사용하였다. 1950년대에는 한국전쟁 직후의 극심한 경제적 어려움을 겪으면서 고난의 행군이라는 표현을 사용하였으며, 1990년대 중후반 심각한 식량난과 경제난에 직면하여 다시 고난의 행군이라는 표현을 사용하며 주민들을 결집시키려 하였다.

먼저 1991년 소련의 해체, 그리고 다른 동유럽 사회주의 국가들의 체제전환이다. 사회주의 국가들이 붕괴하면서 당시 대외무역의 80% 이상을 소련 및 동구권에 의존하고 있던 북한은 에너지와 원자재, 식량 등의 수입에 어려움을 겪을 수 밖에 없었다. 이러한 어려움은 전력난 등 에너지난을 가져오면서 경제의 어려움을 가속화하였다.

대외적 요인만 작용한 것은 아니었다. 1995~1998년 사이에는 최악의 흉작과 함께 홍수, 가뭄 등의 자연재해가 겹치면서 대기근이 발생하였다. 여러 기관과 연구자가 추산한 이 시기 아사자는 적게는 23만명에서 많게는 300만명에 달한다. 황장엽 전 노동당 비서는 1997년 망명하면서 "인민이 굶어죽는데 무슨 사회주의냐"며 1995~1997년 동안 300만명이 아사하였다고 주장하였으며, 유엔사면위원회는 1995~1998년 기간 동안 200만명이 아사했다고 주장하였다.

이러한 상황에서 더 이상 중앙집권적·계획적 관리시스템이 작동하기 어렵게 되었고, 이제 주민들은 시장에 의존하여 생존을 영위해 나가지 않을 수 없게 되었다. 무엇보다도 기존의 계획과 공급 시스템에 기반을 둔 사회주의 가격제정원칙과 국정가격으로는 치솟는 물가를 감당할 수 없었다. 더 이상 국가의 자원배분, 가격통제 기능이 제 역할을 할 수 없게 되면서 시장에의 의존은 어쩔 수 없는 선택이 되었다. 배급제가 사실상 붕괴되고 주민들이 장마당을 통해 생계를 유지하게 되면서, 공식 경제는 마비되고 비공식 시장경제가 급속도로 확산되기 시작했다.

이처럼 고난의 행군 시기는 북한 내부적으로 막대한 상처를 남겼을 뿐 아니라 또 다른 한편으로 비공식 시장경제의 확산을 가져왔다. 즉 단순한 경제위기를 넘어 북한 사회 구조 전반의 붕괴와 그로 인한 체제 변화의 단초를 마련한 계기가 된 것이다. 이후 지금까지 북한에서는 과거의 엄격한 중앙집중적이고 계획적인 경제관리 시스템이 작동되지 않게 되었다. 결국 고난의 행군이라는 경제적 위기는 북한 주민들의 생활 방식이나 인식 수준을 근본적으로 변화시킨 것은 물론이고, 북한 정권의 경제문제에 대한 태도까지도 크게 달라지게 하면서 북한의 변화를 설명하는 단초가 된 사건이라 할 수 있다.

사회구조의 붕괴와 비공식 경제의 확산

장마당으로 대표되는 비공식 시장경제가 확산되면서 사회주의 경제체제의 가장 큰 특징인 계획 기능이 원활하게 작동되지 못하자, 북한은 1998년 9월 헌법을 개정하여 사회단체와 개인의 소유 범위를 부분적으로 확대하였다.

1998년 9월 5일 제10기 제1차 최고인민회의에서 북한은 헌법을 개정하였는데, 이 헌법은 김정일 시대의 개막을 맞아 권력구조를 개편함과 동시에 경제 조항의 부분적 개정을 단행한 것이었다. 개정 헌법은 생산 수단 소유의 주체를 사회단체로까지 확대하고, 국가 소유의 대상은 축소하였으며, 사회·협동단체 소유의 대상을 확대하고, 개인 소유의 범위 역시 확대하였다.

개인 소유의 확대라는 것이 사회주의 경제체제에서 가지는 의미가 특별하기 때문에, 그 내용을 조금 더 구체적으로 살펴보자.

개정 헌법 제20조에서는 생산 수단의 소유 주체를 '국가와 협동단체'에서 '국가와 사회·협동단체'로 확대하였는데, 북한에서 사회단체는 '사회의 일정한 계급 및 계층들이 자기들의 공동의 리익을 옹호하고 공동의 목적을 실현하기 위해 조직한 단체'를 말한다. 헌법 개정을 통해 국가나 협동단체 외 개인이나 사회단체의 경제적 역할이 공식적으로 인정된 것이다. 또한 헌법 제21조에서는 국가 소유의 대상을 '교통·운수' 부문에서 '철도·항공 운수'로 한정함으로써 도로 및 해상 운수 부문이 국가의 배타적 소유 대상에서 제외되었다. 즉 도로 및 해상 운수 분야에서의 건설 및 운영 사업에 외국기업의 진출이 가능하게 하는 근거가 마련된 것이다. 이 뿐만이 아니었다. 헌법 제22조에서는 '협동단체' 소유를 '사회·협동단체' 소유로 개정하여 사회·협동단체 소유의 대상을 확대하였으며. 제24조에서는 개인 소유의 주체를 '근로자'에서 '공민'으로 수정하여 국가 성원 전체를 대상으로 개인 소유를 인정하였다.

또한 경제관리운용체제 역시 변화하였는데 개정 헌법 제33조에서 경제 관리에서 '대안의 사업체계'의 요구에 맞게 독립채산제를 실시한다는 대목을 추가하였다. 이로써 각 국영 기업은 물자 구입과 판매에서 어느 정도 자율성을 확보할 수 있게 되었으며, 국가 몫을 먼저 공제하고 남는 이익금의 일부는 기업소의 운영 상태 개선과 종업원들의 물질 생활을 높이는데 활용할 수 있게 되었다. 이처럼 제한된 범위 내에서의 경제 개혁 및 개방 정책을 시도하고 있는 1998년 개정 헌법은 북한식 개혁·개방을 위한 첫걸음이라 할 것이다.

시장의 확대와 사회변화

북한에서는 경제에 대한 통제를 강화하는 한편으로 장마당, 즉 시장이 분명히 존재하고 있다. 북한에 존재하고 있는 장마당, 즉 시장의 규모에 대해 정확하게 알 수는 없지만, 미국 존스홉킨스대학 산하 한미연구소는 2018년 2월 공식 시장 482개를 위성사진으로 확인했다고 밝혔고, 통일연구원은 구글 어스 프로Google Earth Pro의 인공위성 이미지를 활용해 2021년 11월 기준으로 공식시장 414개가 운영 중이라고 밝히기도 했다.

그렇다면 북한의 장마당은 어떤 형태로, 어느 정도로 활발하게 운영되고 있는가? 북한에서 장마당은 정권의 필요나 주민통제 목적에 따라 통제가 강화되기도 하고, 반대로 별다른 통제 없이 시장활동을 묵인하는 형태로 관리되기도 한다.

Chat GPT가 그린 북한의 장마당 모습

코로나 이전 시기까지만 해도 북한에서는 비제재품목 위주로 수입된 물품이나 소비재가 거래되면서 장마당이 어느 정도 활성화되었다. 특히 2003년 북한 당국이 장마당의 존재를 공식적으로 인정하고, 전국적으로 종합시장을 관리하면서 장마당은 더욱 활발하게 설립되었다. 북한은 2003년 내각지시 제24호, 상업성지시 제48호 등으로 농산물뿐 아니라 공산품, 생활잡화 등 모든 품목의 거래가 가능한 종합시장을 전국적으로 설립하였다. 기존의 농민시장과 달리 종합시장은 공터에 국가가 건물을 마련하고, 물건을 판매할 수 있는 매대를 공식 분양하여 사용료자릿세를 받는 형태로 전환되었으며, 국영기업소, 협동조합, 개인, 돈주 등 다양한 경제주체가 시장에 참여할 수 있게 되었다. 이처럼 2000년대 초반 장마당은 배급제 붕괴 후 주민들 스스로 생존을 위해 시장경제를 적극적으로 수용하면서, 다양한 상품과 자본, 서비스가 거래되는 종합시장으로 발전하게 된다.

그러나 2020년 1월 코로나19로 인한 국경통제로 해외에서 물품들이 들어오지 않고 이에 따라 상품유통 자체가 감소되면서 장마당 상황 역시 위축되게 된다. 2021년 1월 제8차 당대회에서는 '사회주의 상업망 복원'을 강조하면서 장마당에 대한 통제를 다시 강화하게 되는데, 이로 인해 장마당은 더욱 위축되는 결과를 맞게 된다. 2022년 5월에는 코로나 방역이 공식적으로 진행되면서 대부분의 장마당에 출입이 제한되었으며, 이에 따라 장마당 대신 국가의 승인을 받지 않고 임시로 열리는 일종의 '번개시장'인 '메뚜기장'이 증가하게 된다. 2022년 6월 지역 내 이동 통제를 완화하고 장마당 운영을 재개하는 조치를 취했으나 장마당의 활성화는 저조한 상황을 지속해 왔다.

코로나19 이후 북한 당국은 시장통제 및 국영상업망 강화를 계속적으로 시도하였다. 2021년 3월 「양정법」을 개정하여 "양곡 수매와 가공, 판매 등에서 제도와 질서를 엄격하게 보충"하여 국가의 양정체계 밖에서 양곡을 가공하는 행위를 할 수 없다"고 금지하였으며, 2022년 12월에는 다시 판매 규정을 세분화하여 시장에서 자율적으로 이뤄지고 있던 곡물 판매와 유통 기능을 국가의 통제 안으로 편입시키는 방향으로 법률을 개정하였다. 그리고 2023년 8월에는 「상품유통법」을 제정하여 상품유통 전반에 대한 국가의 조절통제력을 강화하였다.

시장 및 상업활동과 관련한 법 개정 사항 중 가장 주목할 것은 2021년 8월 개정된 「사회주의 상업법」인데, 경제 운영 전반에 시장화가 진행되고 있는 상황에서 북한은 상업법 개정을 통해 사회주의 이념에 따른 상업제도 운영의 어려움을 해결하려고 하였다. 북한은 상업법 개정을 통해 기존의 '완전한 공급제' 표현을 삭제하고 '국영상업망에서의 유통’을 강조했으며, 국가의 ‘상품공급배급’ 기능에 ‘판매’를 추가하여 ‘상품공급 및 판매’로 확대하고 당국의 상업지도를 강조한 ‘통일적인 상업관리체계’를 제시했다.

북한의 법령 제개정을 통한 이러한 움직임은 주민들의 시장화를 통제하려는 의도로 볼 수 있는데, 재정난 속에서 재정수입을 증대하기 위해 시중 화폐를 흡수하는 한편으로 시장화로 인한 주민들 내부에서의 비사회주의 확산, 충성심 저하 등 사상 이완을 저지하려는 의도도 함께 있다고 볼 수 있다. 즉 북한 나름의 사회주의 계획경제 유지를 위한 조치인 것이다.

문제는 이러한 법령개정 및 후속조치들이 북한의 당초 의도대로 얼마나 원활하게 이루어질 수 있을지는 장담하기 어렵다는 점이다. 공급이 부족한 상태에서 북한 당국의 경제 통제 강화는 경제주체들의 혼란을 불러오고, 결과적으로 경제난을 가중시킬 가능성이 있기 때문이다. 가령 당장 무리한 곡물 수매 확대 및 사적 곡물 유통 통제는 주민들의 식량 접근권을 제한하고, 식량거래의 음성화와 가격 상승을 초래하며 취약 계층의 식량난을 완화할 우려가 있는 것이다. 북한의 시장 제한 조치가 어떻게 나타날지는 지켜보아야 할 문제라 할 수 있다.

북한에서의 시장의 확대는 자연스럽게 사회적 변화를 가져오고 있다. 대표적인 것이 바로 비공식적 경제활동에 종사하는 ‘8.3 노동자’의 출현이다.

‘8.3 노동자’란 돈을 내고 출근하지 않는 노동자, 즉 공장·기업에 매달 일정 금액을 납부하는 조건으로 출근 및 사회적 과제 동원 등을 면제받는 사람들을 의미하는 신조어이다. 경제위기 상황에서 기업소는 할당된 계획금액지표을 충당해야 할 의무가 남아있고, 노동자는 최소한의 생계유지를 위해 시장에서 노동을 해야 할 필요가 있었다. 이에 기업소에 일정 금액을 지불하고 시장에서 생계를 유지하는 노동자들이 등장하기 시작했는데, 이들이 바로 '8.3 노동자'이다. 즉 '8.3 노동자'는 노동자들과 기업의 이해가 서로 맞아떨어져 출현한 사회적 현상인 것이다. 북한의 「사회주의로동법」에 의하면 직장에 소속되어 있는 근로자들이 절차에 따르지 않는 가운데 직장을 이탈하는 것은 법적으로 금지되어 있다. '8.3 노동자'는 이 법의 틈새에서 나타난 북한의 사회적 현상인 것이다.

'8.3 노동자'란?

'8.3'은 8월 3일을 의미하는데, 이는 1984년 김정일이 평양 경공업제품 전시장을 현지지도하며 계획에 의해 공급되는 원부자재 이외에 부산물, 폐기물들을 활용하여 자체 상품 생산을 확대하라는 교시를 발표한 날짜에서 비롯되었다. 상품을 생산하는 원료가 계획체계에 반영되지 않은 자원이라는 점에서 '8.3'이란 북한사회에서 계획에서 벗어난 활동에 대해 지칭하는 은어로 기능한다. '8.3 노동자' 외에도 '8.3 부부', '8.3 벌이', '8.3 한다' 등의 표현이 이 의미의 연장선 상에서 사용되고 있다. 북한에서 '8.3 노동자'로 활동하기 위해서는 직장 내 지배인 등에게 일정 금액을 지불하고 '8.3 노동자'로 등록한 후 허가증을 발급받아야 한다는 점에서 이는 북한 주민들의 변화하고 있는 삶의 모습을 반영하는 하나의 형태라 볼 수 있을 것이다.

우리에게 더 친밀한 사회적 현상은 '돈주'의 출현일 것이다. 2019년 말부터 2020년 초까지 방영한 인기 드라마 「사랑의 불시착」에서 평양제일백화점 사장으로 나오는 단이 엄마(장혜진 분)가 드라마에서 '돈주'로 불리는 장면이 나오면서 우리에게 익숙한 단어가 되었다. 북한에서 '돈주'란 장사나 사채업, 중국과의 무역 등 개인적인 경제활동을 통해 자본을 축적한 사람을 의미하는 말로서, 이는 개인에 의한 경제 활동이 더욱 증가하고 있는 현상을 반영하는 신조어이다.

사회주의 체제인 북한은 공식적으로는 모든 기업이 국영기업이나, 실제로는 '돈주'라 불리는 자본가 계층을 중심으로 한 개인들이 국영기업을 활용하거나 사영기업을 운영하여 소득을 올리고 있다. 이 때문에 북한에서는 돈주의 투자행위를 묵인할 뿐 아니라 일부 합법화하는 조치가 취해지기도 했다. 2014년 「기업소법」 개정을 통해 기업이 경영활동에 필요한 자금을 마련하기 위해 국가예산 대신 은행대부나 '주민유휴화폐자금'을 동원할 수 있도록 하였는데, 이는 사금융 시장의 자금중개 기능을 부분적으로 흡수하려는 시도로 한마디로 돈주가 기업에 자금을 합법적으로 대여해 줄 수 있는 통로가 만들어졌음을 의미하는 것이다.

북한에서 돈주는 합법화된 권력을 이용하여 제조업, 서비스업, 무역, 건설, 환전과 송금에 이르기까지 활동을 확대하고 있다. 이처럼 북한에서 돈주는 국가의 압도적인 힘의 우위 속에서 통제와 시장의 경계선에 있는 존재라 할 수 있다. 그러나 코로나19 이후 북한의 경제정책 기조가 자력갱생과 계획경제 복원 방향으로 바뀌고,

북중 무역량이 감소하는 등 돈주들의 자율성이 떨어지면서 돈주들의 활동도 상당히 위축되었다는 평가가 나오고 있다.

장마당 운영 현황

위성 분석을 통해 북한의 권역별 장마당 동향을 살펴보면 최근 들어 북한 전역에서 장마당 활동 증가가 나타나고 있다고 한다. 이처럼 코로나 이후, 장마당은 운영 중단과 재개를 반복하면서 점진적으로 활성화되고 있다고 할 수 있다.

장마당에서는 다양한 품목들이 거래되고 있지만, 반면 제한되고 있는 품목들도 있다. 대표적인 품목이 바로 식량이다, 식량은 일부 시장에서 제한적으로 허용되고 있기도 하지만 대부분의 시장에서 쌀과 콩, 옥수수 등에 대해서는 판매 금지를 지속하고 있다. 또한 국가공장이나 기업소, 지방공업공장이 생산한 생필품의 경우에는 장마당 판매가 금지되고 있다. 그리고 한국산 제품들의 경우도 판매가 금지되고 있다. 이처럼 국가생산품과 식료품, 기초식품 등을 제외한 대부분의 제품이 판매가능한데, 장마당에서 거래되는 제품들은 대부분 중국산이며 그 외 북한산과 소량의 러시아산 물건들이 있다고 한다.

장마당의 운영주체는 개인 상인이다. 개인 상인이 운영하면서 국가 또는 시장관리소에 장세場稅를 납부하고 있다. 코로나 이후 북한에서는 돈주가 여러 매대를 차지하고, 판매원 여러 명을 고용하여 운영하는 사례가 나타나고 있다고 한다. 반면 국영상점은 국가나 지방기관이 운영하고 있으나, 일부 경우에 개인이 기관에 위탁받아 운영되는 경우도 나타나고 있다.

그렇다면 북한에서 가격 수준, 물가는 어떨까. 북한에서 가격수준은 어디에서 판매되는가에 따라 차이가 있는데, 일반적으로 국정가격이 가장 낮고 그 다음이 국영상점 가격, 그리고 장마당 가격 순이라고 할 수 있다. 좀 더 구체적으로 살펴보면 가장 낮은 수준인 국정가격의 경우는 국가계획위원회 국정가격표에 따라 거의 공짜인 수준인데, 이러한 국정가격은 선별 배급제에 주로 적용된다. 선별 배급제는 고위간부, 유공자, 특수직업 등 별도 배급 받는 특수대상에 한정되는 제도인데, 2024년 44원 하던 쌀이 2000원, 24원 하던 옥수수가 1,500원으로 인상되는 등 상당부분 현실화되었다고 한다.

다음 국영상점 가격은 장마당보다는 조금 싼 가격을 형성하고 있는데, 다만 상품의 질이 낮고 종류 역시 적은 편이라고 한다. 쌀의 경우 시장가격보다는 몇백에서 몇천원 저렴한 수준인데, 전체적으로 시장가격에 따라 조정되는 수준이다. 그리고 수입품이나 건설자재 등 일부 품목의 경우에는 장마당 보다 비싼 가격이 형성되어 있기도 하다.

마지막 장마당에서의 가격이다. 장마당 가격은 당연하지만 수요와 공급에 따라 변동되는 가격이라 할 수 있다. 장마당에서 가격은 거래되는 물건들의 품질에 따라 역시 다양한데, 코로나 이후 수입 감소 및 품목 제한으로 인해 공급량에 제한이 생기면서 최근 물가 급등에 따른 가격 불안정이 심화되고 있는 추세라고 전해진다.

당연하게도 현재 북한 주민들은 필요한 물품을 구할 때 장마당에 대한 의존도가 가장 높다고 알려져 있다. 최근 국영상점 비중이 늘어나고는 있으나, 대체적으로 주민들은 식량의 60% 정도, 그리고 생필품은 80% 수준을 시장에서 구입하는 것으로 추정되고 있다. 통일부가 발간한 『2024 북한 경제·사회 실태 인식보고서』에 따르면, 코로나 이전에는 식량의 약 60~70% 수준, 생필품의 80~90% 수준을 시장에서 구입한 것으로 추정되고 있어, 장마당에 대한 의존도는 과거에 비해 다소 낮아지고 있는 것으로 보인다.

그렇다면 시장 거래시 북한 주민들의 화폐 사용 현황은 어떨까? 북한 주민들은 북한 화폐를 가장 많이 사용하지만, 달러와 중국화폐 역시 많이 사용하고 있다고 한다. 이러한 사용화폐는 지역에 따라 차이를 보이기도 하고, 거래 장소에 따라 차이를 보이기도 한다. 장마당에서는 주로 북한 화폐를 많이 사용하고 있으며, 국영상점과 달리 외상 거래도 빈번하게 이루어지고 있다. 그리고 최근에는 신용카드 도입으로 전자결제도 증가하는 동향을 보이고 있다.

지금까지 살펴본 것처럼 북한 당국의 시장 통제는 사실상 장마당을 폐지하는 것보다는 장마당을 잘 관리하고 일부 품목에 대해서는 대체하는 것을 목표로 한다고 할 수 있다. 국제사회의 경제제재나 코로나19로 인한 재정수입 감소분을 장마당에 대한 통제와 국영망 가동으로 충당하고 있는 것이다. 결국 북한 당국이 궁극적으로 추구하는 것은 국가의 재정수입 확충과 '관리가능한 시장화'인 것이다.

하지만 이러한 관리는 어느 정도 한계를 가질 수밖에 없다. 최근 국영망의 일부 대체로 인해 다소 그 수준이 감소하기는 했지만 대다수의 주민들은 장마당에서 생필품의 대부분을 해결하고 있고, 양곡판매소 판매 부족분도 장마당에서 구입하고 있다. 또 여러 방식으로 당국의 통제를 회피하고 있다. 당의 지시가 내려와 검열할 때에는 물건을 숨겨놓고 판매하거나 통제 품목의 경우 중국 상표를 붙여 판매하기도 하며, 장마당 밖에서의 메뚜기 장사나 가정 내 장사와 같은 비공식 시장도 존재하고 있다.

결국 북한 당국의 생필품 유통통제와 국영가격 현실화로 국영 상업망이 일부 가동되고는 있으나. 북한 주민 대부분은 여전히 장마당을 주로 이용하고 있는 것이다. 이런 상황에서 시장활동을 억제하는 것은 현실적으로 어려울 수밖에 없다. 실제 북한은 2022년 5월 12일 코로나 비상방역으로 장마당 폐쇄를 선언하였으나, 2주 만에 제한을 완화하기도 했다. 운영시간이나 판매품목을 제한하는 등 장마당을 통제하여도, 현재의 북한 경제 상황상 장마당 활동은 지속될 수밖에 없는 것이다.

이런 점은 결국 북한경제 특유의 '자원 분배의 비효율성' 문제에 기인한다고 할 수 있다. 공급량의 부족이나 상품의 종류의 한계, 질 부족으로 국영상점을 통한 판매는 제한적일 수밖에 없으며, 당국의 시장통제 정책은 거래비용의 증가나 유통구조의 왜곡과 같은 경제의 비효율성을 초래하게 된다.

이런 점에서 '사회주의 상업망'의 완전한 복원은 현실적으로 불가능할 수밖에 없다. 결국 북한은 당분간 시장 통제 정책을 취할 수

밖에 없는데, 문제는 이 통제 정책이 현실과 얼마나 조응할 수 있느냐 하는 점이다.

4. 북한의 개혁·개방과 경제발전 노력은 어떠한가

북한의 경제 개혁 조치

1990년대 후반 사회주의권의 붕괴를 거쳐 2000년대 들어서면서 북한은 본격적으로 경제적 개혁·개방 조치를 취하게 된다. 2001년 10월 3일 당·경제기관 일꾼들과의 담화를 통해 김정일은 변화하는 현실에 맞게 경제관리방법을 개선할 것을 지시하였는데, 이것이 바로 2002년 '7.1 경제관리개선조치'이하 '7.1 조치'이다.

'7.1 조치'는 가격 및 임금의 현실화, 독립채산제의 도입 및 공장·기업소의 경영자율성 확대, 근로자에 대한 물질적 인센티브 강화를 주요 내용으로 하고 있는데, 기존의 계획경제 틀 내에서 시장경제 기능 일부를 도입한 조치이자 북한정권의 첫 번째 경제개혁 조치라는 점에서 큰 의미를 갖는다고 할 수 있다.

구체적으로 우선 물가가격 및 임금을 현실화하였다. 그간 당국이 의도적으로 낮은 물가를 책정해 놓았으나 시장이 활성화되면서 암시장과 국정가격 사이에는 높은 격차, 즉 인플레이션이 발생할 수밖에 없었다. 이에 북한 당국은 전반적으로 물가를 인상하고 임금도 이에 맞춰 대폭 인상함과 동시에 임금지급방식도 노동생산

성과 공장기업소의 수익 등에 따라 차등지급하는 형식으로 바꾸었다. 둘째, 공장과 기업소는 이전의 계획목표량 달성방식이 아니라 '번수입 지표'에 따라 평가하는 체계를 도입했다. 번수입 지표란 북한 기업소의 생산성과 경영을 이해하는데 필수적인 개념으로, 간단하게 설명하면 총 수입에서 생산비를 제외한 금액, 즉 이윤+임금을 의미한다. 또한 독립채산제를 강화하여 이제 공장이나 기업소에서 초과달성한 이윤을 국가에 납부하는 것이 아니라 기업이 자체적으로 활용할 수 있도록 재량권을 부여하고, 생산성을 향상하여 이윤을 많이 남기는 공장·기업소에 대해서는 물질적 보상을 제공하는 체제를 도입하였다. 공장과 기업소 뿐 아니라 농업분야에서도 국가 납부량을 축소하고 분조 단위 분배권한을 확대하는 등 상당한 자율성을 부여하였다. 셋째, 근로자들에 대한 물질적 인센티브를 강화하였다. 물가재조정에 따라 전직종 노동자의 임금을 평균 18배 인상하고 실적에 따른 분배원칙에 따라 차등지급하였다.

뒤이어 2003년 3월에는 종합시장을 전국 시, 군 단위 지역을 중심으로 설치하였고, 2004년에는 사실상 가족 단위 영농이 가능하도록 하는 '포전담당제'를 시범실시하기도 하였다. 포전담당제란 기존 10~15명으로 구성되던 협동농장의 말단조직인 분조 중심의 '분조관리제'를 3~5명의 소규모 단위로 경작하도록 한 조치이다. 분조는 친인척과 가족 중심으로 구성돼 사실상 중국의 가족농 제도를 도입한 것으로서 북한 농업개혁의 출발점으로 평가된다. 여기에 독립채산제를 도입함으로써 계획보다 추가로 생산된 양의 일정 부분을 가족 단위의 분조가 시장에 내다 팔아 소득을 올릴 수 있게 한 것이다.

하지만 북한 경제가 '7.1 조치'를 계기로 경제개혁 조치를 지속적으로 취해 온 것은 아니었다. 2005년 10월 '양곡전매제'를 도입한 이후 개인 경작지를 단속하거나 종합시장 폐쇄를 발표하면서 중앙 집권적 계획경제로의 회귀를 시도하기도 하였고, 2009년 11월에는 화폐 개혁을 통해 시장 확대를 통제하려고 하기도 하였다. 하지만 이 조치들이 주민들의 불만을 야기하게 되면서 2010년 2월 경부터 북한은 다시 시장 활동을 허용하는 등 통제를 완화하는 조치를 취하였다.

양곡전매제란?

양곡전매제는 양곡을 식량공급소와 양곡판매소에서만 거래할 수 있고, 수매 후 남은 물량이나 비경지·텃밭 생산물 등 기타 여유 물량도 영농물자교류소에 팔거나 교류소에서 영농물자로 교환하는 방식으로만 거래할 수 있도록 하는 제도이다. 시장으로 불법 혹은 비공식적으로 유출되던 물량을 식량공급소, 양곡판매소로 흡수하는 한편, 시장거래가 허용되던 물량도 영농물자교류소로 흡수하는 제도이다. 한 마디로 설명하면 배급-시장 병립체제인 양곡유통제도를 배급-국영유통 병립체제로 전환하는 제도인 것이다. 북한은 모두 세 번에 걸쳐 양곡전매제를 도입하였는데, 김정일 정권 후반(2005.10~2010.1)과 김정은 정권 초반(2014.9~2015.6), 그리고 2022년 10월부터 현재까지의 기간이다.

김정은 역시 집권 직후부터 경제개혁에 대한 의지를 여러 차례 보여왔다. 2012년 9월 상업부문에 우선적으로 새로운 제도를 도입하고 2013년에는 이를 농업부문에 시험적으로 적용하는 등 집권 직후부터 경제관리체계 개선방안을 마련하고자 하였다. 이후 2014년 5월 30일에는 당, 국가, 군대의 책임일꾼들과의 담화를 통해 '우리식 경제관리방법'이라는 일명 '5.30 조치(5.30 담화)'를 발표하였으며, 2016년 7차 당대회에서 이를 공식화하였다.

'5.30 조치'는 김정은 시기 북한의 경제개혁 의미를 이해하는데 상당히 중요한 의미를 가지는 조치이다. 김정은은 2013년 3월 조선노동당 중앙위원회 전원회의에서 "현실 요구에 맞게 우리식의 경제관리방법을 연구 완성할 것"을 지시하였다. 「조선신보」 2013년 5월 10일자 보도에 의하면 '우리식 경제관리 방법'이란 "경영권한을 현장에 부여하고", "노동자·농민의 일 욕심을 돋우는" 조치라고 설명하고 있다. 즉 경제 단위에 대폭 자율성을 부여해 주고 물질적 인센티브를 적극 도입한 조치인 것이다.

북한은 '5.30 조치'를 통해 '사회주의 기업책임관리제'를 도입하고 「사회주의 기업소법」도 개정하면서 공장과 기업소의 자율적 운영 범위를 확대해 나갔다. '5.30 조치'를 제도화 한 '우리식 경제관리 방법'은 농업 분야, 상업 분야, 국영기업 분야별로 새로운 제도를 이끌어 내었다.

먼저 농업 분야에서는 분조관리제 하의 포전담당책임제가 도입되었다. 이 제도는 협동농장의 노동 단위를 3~5명으로 구성하고, 1인당 약 1정보씩 토지를 분배해 당국이 제공한 농자재 비용과 국가에 대한 몫을 납부한 후 초과 생산물을 국가와 농민 간에 일정 비율로 현물 분배를 시행하는 것이다. 협동농장의 기본 작업 단위인 분조를 10~15명에서 3~5명으로 축소하여 보다 소규모 단위로 운영함으로써, 생산과 평가, 분배의 기본 단위를 축소하여 농장원들의 책임감을 높이고 생산의욕을 고취시키는 것이 주된 목표라 할 수 있다.

다음 국영 기업 분야에서는 '사회주의기업책임관리제'가 도입되었다. 이 제도는 공장이나 기업소에 국가계획 외 '기업소 자체 계획'을 허용해 생산량, 생산물의 품질, 가격과 임금 및 인력 규모를 결정하는 등 일부 권한을 부여하고, 초과 생산품의 시장 판매를 허용한 것이다. 즉 생산수단의 사적소유는 허용하지 않되, 기업경영은 보다 자율적으로 할 수 있도록 허용한 것이다. 북한은 2019년 4월 헌법 개정을 통해 기존의 '대안의 사업체계'를 삭제하고 '사회주의기업책임관리제'를 헌법에 명시하였다. 개정 사회주의 헌법 2장 제33조에는 "국가는 경제 관리에서 사회주의 기업책임관리제를 실시하며 원가, 가격, 수익성과 같은 경제적 공간을 옳게 리용하도록 한다"고 하고 있다. 경제체제를 계획경제를 근간으로 하되 시장이 일부 허용되는 이원적인 구조로 인정한 것이다.

'대안의 사업체계'란?

'대안의 사업체계'는 1961년 12월 김일성이 대안전기공장(남포시 대안구역)을 방문하여 공장의 최고지도기관으로서 공장 당위원회의 집체적 지도체계를 확립하고, 계획·생산·기술을 통일적이고 종합적으로 지도하는 생산지도 체계를 강화하며, 기타 후방공급체계를 개선하는 문제 등을 제시한 데서 비롯됐다. 한 마디로 공장·기업소들이 당위원회의 집체적 지도 아래 모든 경영활동을 진행하며, 집단주의적 정신에 의거해 생산력을 제고시키려는 공업관리 형태를 말한다.

마지막 상업 분야에서는 상업기관의 운영 자율권이 확대되었다. 소매상점과 생산단위 간의 직거래를 허용하고, 상품 거래 시 현금 사용을 허용하며, 각 상업기관에 수요와 공급에 따른 가격 조절 권한을 부여하였다. 한마디로 상업기관이 생산, 계획, 조직, 재정, 판매 등 운영 전반에 걸쳐 자율성과 책임성을 부여받는 것으로, 기업의 자율성과 책임성을 강화하여 생산성을 높이고 경제발전을 추구하기 위한 조치라 할 수 있다.

2016년 5월, 36년만에 개최된 제7차 당대회에서 김정은은 경제강국의 건설을 위한 과제의 하나로서 '우리식 경제관리 방법'의 전면적 확립을 제시하고, '사회주의기업책임관리제'의 바른 실시를 역설하였다. 이처럼 '우리식 경제관리 방법'은 2002년 '7.1 경제관리개선조치' 이후 더욱 양적으로 또 질적으로 진화한 시장화 현상을 인정하고 시장을 국가의 관리하에 두고자 한 조치라고 할 수 있다.

물론 이러한 경제개혁 조치들이 순탄한 과정만을 밟고 있는 것은 아니다. 대표적으로 최근 개정된 「농장법」에서 '분조관리제'가 다시 부각된 것을 들 수 있다. 그동안 김정은은 농장원의 생산 열의를 높이기 위해 농민 10~15명이 담당하는 '분조관리제' 안에서 3~5명이 경작하는 '포전담당책임제'를 실시해 농민들의 자율적 처분권을 확대했다. 그런데 2023년 농장법 개정을 통해 다시 분조관리제를 강조하면서 포전담당책임제 실시를 유연화한 것이다. 이는 '우리식 경제관리 방법'의 자율권 및 인센티브제가 불러올 우려 사항을 경계해 제도 자체는 유지하면서도 통제는 강화한 것으로, 북한 나름의 사회주의 계획경제 유지를 위한 조치로 볼 수 있을 것이다.

북한의 대외 개방 조치

북한의 대외 개방의 첫 번째 조치는 1991년 경제특구의 지정이다. 1984년 「합영법」이라는 외국자본과의 합작을 위한 법률이 제정되었지만, 실질적인 성과는 없었다. 하지만 북한은 1990년대 후반부터 사회주의 국가들이 붕괴되자 대외경제 개방을 모색할 수밖에 없었다. 소련으로부터 상대적으로 우호적인 가격으로 제공받아 왔던 원유나 기초 원자재들이 이제는 국제시장에서 정상 교역의 무역관계로 조달해야만 했기 때문이다. 이에 북한은 1991년 12월, 소련 및 중국과 인접하여 전략적 가치가 높은 함경북도 최북단에 위치한 항구도시인 나진·선봉을 경제특구로 지정하고 외국인 투자 관련법을 제정하였다. 이후 2002년 신의주, 개성, 금강산경제특구까지 4개 경제특구를 지정했다. 하지만 이들 4대 경제특구는 별다른 성과를 거두지는 못하였다.

2010년 북한은 대중국 개방을 확대하기 위해 나선시를 특별시로 격상하고, 2011년 황금평·위화도를 새로운 경제특구로 지정했다. 북한과 중국은 이 지역을 공동개발하기로 했으나, 북한의 핵실험에 따른 국제사회의 대북제재 강화로 나선경제특구, 황금평·위화도경제특구 개발은 사실상 이루어지지 못했다.

2012년 집권한 김정은은 집권 초기부터 대외개방에도 적극적이었다. 2013년 5월 29일 「경제개발구법」을 제정하였으며, 중앙급 10개와 지방급 19개 등 모두 29개의 경제개발구를 설립하겠다는 계획을 발표하였다.

이 중 나선 경제특구, 황금평·위화도 경제특구, 개성공업지구, 원산·금강산관광지구, 신의주 국제무역지구 등 기존의 5개 경제특구를 제외하면 나머지는 김정은이 새롭게 설립하는 경제특구 및 경제개발구로서 김정은의 개방에 대한 강력한 의지를 엿볼 수 있었다. 하지만 2013년 경제개발구 신설을 선포한 이후 4차례에 걸친 핵실험과 다수의 미사일 발사 시험 강행으로 국제사회의 대북제재가 강화되며, 경제개발구는 지금 현재 어느 한 곳도 제대로 추진되지 못하고 있는 실정이다.

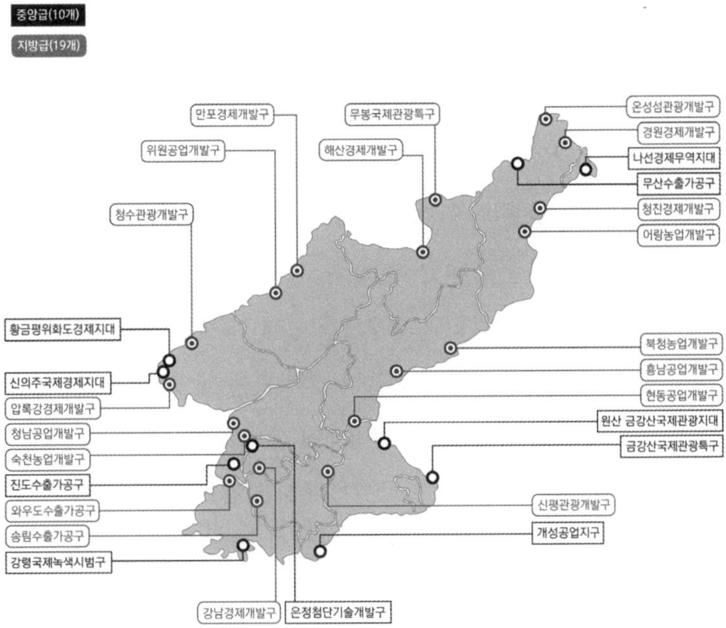

북한의 경제특구 및 경제개발구

북한의 경제개발전략

북한은 최근 특정 기간을 설정하고 집중적으로 경제 발전 전략을 추진하는 방식을 취하고 있다.

2016년 5월, 36년만에 열린 제7차 당대회에서 김정은은 국가경제운영의 기본 골격으로서 '국가경제발전 5개년 전략$_{2016\sim2020}$'을 제시하였다. 이어 2016년 6월 최고인민회의 제13기 4차 회의에서 '조선로동당이 제시한 국가경제발전 5개년 전략을 철저히 수행할 데 대하여'라는 최고인민회의 법령을 채택하면서 5개년 전략을 뒷받침하였다. 북한은 5개년 전략 추진을 위해 '정면돌파'와 '자력갱생'을 전면에 내세웠으나, 대북제제와 코로나19, 자연재해까지 겹쳐 경제 목표 달성은 실패하고 말았다.

김정은은 이후 여러 차례 공식석상에서 국가경제발전 5개년 전략의 실패를 공식 인정하였다. 당중앙위원회는 2020년 8월 19일 제7기 제6차 전원회의 결정서를 통해 "혹독한 대내외 정세가 지속되고 예상치 않았던 도전들이 겹쳐 드는 데 맞게 경제사업을 개선하지 못하여 계획됐던 국가경제의 장성성장 목표들이 심히 미진되고 인민생활이 뚜렷하게 향상되지 못하는 결과도 빚어졌다"고 밝혔으며, 김정은은 "당 7차대회 결정 관철을 위한 사업에서 나타난 편향들과 결함들을 전면적으로, 입체적으로, 해부학적으로 분석·총화하라"고 지적했다.

또한 2020년 10월 10일 당창건 75주년 기념 열병식 연설에서 김정은은 여러 국가적 어려움을 언급하면서 "제가 전세 인민의 신임 속에 위대한 수령님과 위대한 장군님의 위업을 받들어 이 나라를 이끄는 중책을 지니고 있지만 아직 노력과 정성이 부족하여 우리 인민들이 생활상 어려움에서 벗어나지 못하고 있습니다"라며 주민들에게 제대로 보답을 하지 못해 면목이 없다고 말하기도 했다. 그러면서 김정은은 북한 주민이 풍족한 생활을 누리게 하는 게 가장 큰 목표라며, 내년인 2021년 1월 8차 당대회에서 경제 번영을 위한 새로운 방안을 내놓겠다고 공표했다.

그 외에도 북한은 '전투'의 형식으로 단기간의 경제총력전을 추진하기도 했다. '전투'란 국가적인 노동력 동원을 통한 북한 특유의 속도전 방식을 의미한다. 북한은 2020년 대북제재, 코로나19, 수해 등 '3중고'로 경제 목표 달성이 어렵게 되자 2016년 이후 4년 만에 다시 속도전 전투를 꺼내들게 된다. 2020년 10월 5일 노동당 정치국 회의에서 김정은은 전당, 전국, 전민이 나서서 '80일 전투'를 벌이라고 지시하였고, 2020년 경제목표 달성 및 코로나19 방역 성공 등을 내세우며 2020년 10월 12일부터 12월 30일까지 전당적, 전국가적으로 '80일 전투'를 추진하였다.

북한의 속도전 '전투'

'전투'란 북한 특유의 속도전 방식으로, 사상사업을 앞세워 모든 역량을 총동원하여 사업을 최대한 신속히 추진하고 그 질을 가장 높게 보장하는 전투적 사업방식을 의미한다. 북한 속도전 전투의 원조는 1974년 '70일 전투'였다. 당시 그해 10월이 넘도록 경제계획 목표를 달성할 가능성이 없자 후계자로 내정된 김정일 국방위원장이 간부들을 각 공장 기업소로 보냈고, 노동자와 기술자들을 동원해 밤낮 없이 일한 끝에 그해 목표를 달성한 것이다. 이후 자본과 기술이 부족했던 북한은 노동력이 기댄 대중 동원 방식으로 전후 복구와 성장을 추진하게 되는데, 2009년에는 4월 20일부터 9월 16일까지 2012년 강성대국 건설을 목표로 '150일 전투'를 벌였으며, 이후 연말까지 '100일 전투'를 벌이기도 했다. 2016년에는 7차 당대회를 앞두고 '70일 전투'를 벌이기도 했고, 이후에는 여명거리 조성 등을 목표로 '200일 전투'를 추진하였다.

북한은 2021년 제8차 당대회에서 앞선 5개년 전략의 실패를 다시 한번 인정하고 새로운 '국가경제발전 5개년 계획$_{2021\sim2025}$'를 제시하였다. 제8차 당대회 사업 총화보고에서는 “경제 사업을 비롯한 여러 분야 사업에서는 심중한 결함들”이 있었음을 시인하면서 “정비전략, 보강전략”으로서 제7차 당대회의 보완 성격의 5개년 계획을 수립하였다. 또한 ‘우리식 경제관리방법’이나 ‘사회주의 기업책임관리제’에 대한 언급은 하지 않은 채 경제 사업에 대한 국가의 통일적 지도를 강조하였다.

제8차 당대회에서는 지난 경제 전략의 실패의 원인을 코로나19 확산이라는 보건 위기의 장기화, 대북 경제재재, 자연재해라는 외부적 원인뿐만 아니라, 관료주의, 소극주의, 책임전가 등 내부적 원인도 같이 지적하였다. 그러면서 대외적 원인은 장기적이고 지속적일 것으로 간주하면서 대내적 원인의 개선을 통한 소극적 전략을 택하였다. 미래 비전이나 새로운 과업보다는 각 분야에서 현실적 목표를 제시하는데 집중한 것이다. 또한 자력갱생과 자급자족을 강조하면서, ‘우리국가제일주의’, ‘인민대중제일주의정치’를 선언하면서 주민들의 내부결속에 집중하였다.

이런 상황에서 코로나19 시기를 전후하여 북한은 다시 경제시스템에 대한 국가통제를 강조하면서 전반을 다잡는 모습을 보여주었다. 심화되는 경제난에 대응하기 위해 테스크포스TF에 해당하는 비상설 경제발전위원회를 신설하고, 김정일 시기부터 약 20년간 적용한 시장경제적 요소들의 후유증과 문제점을 털어내고 중앙집권적 경제발전 시스템을 구축하는데 집중하였다. 「조선중앙통신」은 2021년 2월 10일 김정은 국무위원장 겸 노동당 총비서가 9일 당 제8기 2차 전원회의 이틀째 보고에서 “비상설 경제발전위원회의 역할을 높일 데 대한 문제를 비롯해 내각중심제와 내각책임제를 강화하기 위한 중요한 방도적 문제들을 천명했다"고 보도하기도 했다. 또 「조선신보」는 이에 2021년 2월 북한경제 시스템 손질의 흐름과 관련하여 1990년대 중후반 '고난의 행군' 시기 경제난 때문에 과도기적으로 '각자 자력갱생'해야 했지만 이제는 나라가 정상화한 만큼 '중앙집권적 자력갱생'을 다시 추구하게 되었다고 설명하기도 했다.

북한의 이러한 움직임은 한편으로는 코로나19로 인해 국가가 무역을 전면 통제해 방역대응을 하고 있는 상황상 '유일무역'으로의 회귀가 불가피한 측면이 있다는 분석도 있다. 2021년 3월에는 「무역법」을 개정하여 모든 반·출입 물품의 수출입신고서를 중앙무역지도기관에 제출해 승인받도록 규정을 바꾸면서 국제기구 원조품도 이에 해당한다고 명시하여, 무역 및 지원물품 전량에 대한 국가의 통제를 강화하는 모습을 보여주었다.

또한 자력갱생 기조에 따라 중앙집권적 경제 통제를 강화하면서 빈번하게 관련 법률을 제·개정하는 무습을 보여주고 있다. 우선 곡물유통과 관련하여 2021년 3월 「양정법」을 개정하여 양곡 수매와 가공, 판매 등에서 기존 제도와 질서를 엄격하게 지키도록 하였으며, 국가의 양정체계 밖에서 양곡을 가공하는 행위를 할 수 없게끔 금지하였다. 한마디로 양곡판매소에서 곡물 판매를 독점하고 사적 곡물거래를 단속하여 곡물 수매를 강화한 것이다. 즉 곡물에 대한 배급 뿐만 아니라 판매까지도 중앙에서 직접 통제하는 방식을 다시 시도하여 경제정책 기조를 과거로 회귀하고 있는 모습을 보여준 것이다. 농장운영과 관련한 「농장법」도 개정하여 '분조관리제'를 다시 강조하였다. 그동안의 생산 열의를 높이기 위해 농민 10~15명이 담당하는 '분조관리제' 안에서 3~5명이 경작하는 '포전담당책임제'를 실시해 농민들의 자율적 처분권을 확대해 왔다면, 최근 다시 분조관리제를 강조하며 포전담당책임제를 실시를 유연화한 것이다.

상업유통과 관련하여서는 2021년 「사회주의 상업법」을 개정하여 기존의 '완전한 공급제' 표현을 삭제하고 '국영상업망에서의 유통'을 강조했다. 또 상품공급배급 외에 '판매'를 추가하고 당국의 상업지도를 강조한 '통일적인 상업관리체계'를 제시하였다. 또한 2023년 8월에는 「상품 유통법」을 제정하여 상품 유통 전반에 대한 국가의 조절 통제력을 강화하고자 하였다.

2022년 2월 6일 제14기 제6차 최고인민회의에서 김덕훈 내각총리는 "대외경제 부문에서 국가의 유일무역제도를 환원 복구하기 위한 사업을 계속 추진하겠다"며, 사실상 '기업의 무역자율화' 대신 '중앙집권적 무역시스템'을 복원하겠다는 입장을 표명하였다. 이는 그동안 사회주의기업책임관리제에서의 무역 자율화의 폐기와 국가 주도의 무역창구 단일화를 의미하는 것으로 북한경제 정책의 큰 방향이 다시 한번 변화하고 있음을 보여주는 것이다. 제8차 당대회에서 제시한 '내각책임제'를 통한 중앙집권적 기업경영관리, 국가의 통일적 지도 및 일원화 통제체계 강화 등의 사회주의 경제관리 원칙 준수를 강조한 것과 같은 맥락으로도 볼 수 있을 것이다.

이러한 북한의 경제 통제 동향은 주민들의 시장화를 통제하려는 시도의 일환으로 볼 수 있다. 또한 최근 심각한 재정난 속에서 재정수입을 증대하기 위해 시중에 유통되는 화폐를 흡수하려는 의도와 함께 시장화로 인한 주민들의 의식 변화, 사상 이완 저지 등의 목적도 함께 있다고 할 수 있다. 하지만 북한은 김정은 집권 초기 도입한 '우리식 경제관리 방법'의 자율권 및 인센티브제가 불러올 우려 사항을 경계하면서도 제도 자체를 완전히 무력화하지 않았다. 제도는 유지하되 통제를 강화하는 방식을 취한 것이다. 이는 북한 나름의 사회주의 계획경제를 유지하고자 하는 시도라 할 수 있을 것이다.

5. 개혁·개방에 대한 반작용은 없는가

북한 경제는 양면적인 모습을 보인다. 즉 제도적으로는 분명히 사회주의 소유제도에 기반하여 중앙집권적으로 경제를 관리하고 운영하는 계획경제이지만, 다른 한편으로는 공식적인 상설시장이 운영되고 있으며 또 당국이 사회주의 계획경제로의 복원을 위해 이를 통제하고 있는 모습인 것이다.

대표적인 것이 2005~2009년까지 시장의 과잉 확산을 막기 위해 진행된 시장억제정책이다. 시장의 확산에 위기의식을 갖게 된 북한 당국은 2005년 하반기부터 점진적으로 시장을 통제해 나갔는데, 이러한 시장억제정책은 김정일이 "시장은 비사회주의의 서식장이요, 자본주의의 본거지"라고 언급한 이후 본격화되었으며, 2009년 11월 30일 화폐개혁 시행 및 종합시장 철폐로까지 이어졌다.

북한은 시장을 규제하기 위해 2005년부터 식량 배급제가 아닌 국가식량전매제도를 실시하였는데, 이는 시장에서의 식량 유통을 금지하고 국가기관을 위해 식량을 유통시키는 것을 목적으로 하는 것이었다, 하지만 이 정책은 실효성이 없어 2006년 3월에 폐지되었으며, 북한은 시장을 통제하여 사회주의 계획경제로 되돌리기 위한 극단적인 조치로 2009년 화폐개혁을 단행하였다.

2009년 11월 30일부터 12월 6일까지 실시된 화폐개혁의 목적은 인플레이션 억제, 재정 확충, 시장 활동 억제를 통해 계획경제를 복원하여 북한당국의 사회적 통제력을 회복하기 위한 것이었다. 7.1 경제조치 이후 화폐가치가 크게 하락하면서 발생한 인플레이션을 해소하고 시장과 시장세력을 통제하기 위해 단행된 화폐개혁은 생필품 공급 부족과 이로 인한 가격폭등을 가져와 주민들의 불만을 고조시켰으며, 국제사회의 경제제재는 북한의 경제난을 더욱 악화시키는 요인으로 작용하게 되었다. 특히 화폐개혁으로 북한의 원화가치가 추락하자 주민들은 이후 장마당이나 종합시장에서 원화보다는 위안화를 선호하게 되었다. 이처럼 화폐개혁은 북한 경제의 위안화, 달러화 현상을 가속화시켰으며, 가치저장 수단으로서의 북한 화폐기능을 현저히 떨어뜨리게 되었다.

결국 재정 수입 증대와 시장에 대한 규제, 그리고 중앙집중적 계획경제로의 복귀를 위해 시도했던 화폐개혁은 2개월 만에 실패로 끝나고 말았다. 이미 북한 주민들은 실제 시장경제 활동을 통해 가계 경제를 유지해 나가는 상황이었으며, 심지어 국가의 재정 수입조차 상당 부문 시장을 통해 조달하고 있는 현실이었기 때문이다.

결국 화폐개혁의 실패는 체제 유지를 위해 경제를 강제로 개편하는 것이 불가능하다는 것을 보여주는 것으로 북한경제가 이제 결코 계획경제로 회귀할 수 없다는 것을 보여주는 것이라 할 수 있다.

화폐개혁 실패 이후 북한의 시장은 더욱 확산되었으며, 이에 김정은은 제도권 안에서 시장을 관리하고 시장을 통해 경제를 활성화시키려는 정책을 추진하였다. 어찌 보면 모순되는 두 가지 전략을 모두 추진한 것이다. 2021년 1월 제8차 당대회에서 북한은 경제사업에 대한 통일적 지도와 내각책임제를 통한 중앙집권적 기업경영관리 강화를 강조하면서 계획경제 하에서 시장을 관리·운영하기 위한 통제를 강화하고 있다.

최근 들어 북한은 김정은 집권 이후 추진했던 '기업의 무역자율화' 대신 '중앙집권적 무역시스템'을 부활하는 것으로 보인다. 조선중앙통신은 2022년 2월 최고인민회의 제14기 제6차 회의에서 김덕훈 내각 총리가 그해 경제 현안 보고를 하며 "대외경제 부문에서 국가의 유일무역제도를 환원 복구하기 위한 사업을 계속 추진하겠다"고 밝혔다고 보도하였다. 2021년 초부터 무역부문에서 중앙집권적 통제를 언급하긴 했지만 '유일무역제도 환원 복구'라는 표현을 사용한 것은 처음으로, 이를 공식화한 것이라 할 수 있다.

즉 그동안 대외 무역 분야에서 일부 자율화를 허용했지만 유일무역제도는 이런 무역 자율화의 폐기와 과거로의 회귀를 의미하는 것으로, 다시 국가가 유일한 무역 행위자가 되겠다고 선포한 것이다. 이는 결국 북한이 김정은 시대 추진해왔던 '사회주의 기업책임관리제'의 대표적 사례인 무역 자율화의 폐기와 과거로의 회귀를 추진하고 있는 것을 의미한다. 외신의 보도에 의하면 이후 북한은 국가유일무역제도를 복원하기 위해 2023년 말부터 무역회사와 산하 조직의 대대적인 구조조정을 진행한 것으로 알려지고 있다.

6. 최근 북한의 경제상황은 어떠한가

최근 북한은 '국가경제발전 5개년 계획'의 막바지를 맞아 그 성과를 만들어내기 위해 노력을 기울이고 있다. 매년 각 분야별로 주요 경제지표를 정하고, 그 성과를 발표하고 있으나 세부적인 수치나 내용을 공개하지 않아 그 성과는 미지수라 할 수 있다.

김정은은 2022년 12월 제8기 제6차 전원회의에서 "당대회가 결정한 경제전반의 정비보강계획을 기본적으로 끝내는 것"을 2023년 경제사업의 중심 과업으로 제시하고, '국가경제발전 5개년 계획 2021~2025'의 세 번째 해 달성목표에 집중하여 알곡, 전력, 석탄, 압연강재, 유색금속, 질소비료, 시멘트, 통나무, 천, 수산물, 살림집, 철도화물수송이라는 12개 중요고지를 점령할 것을 독려하였다. 또한 전원회의를 통해 2023년에 달성할 주요 경제지표를 정했으나, 평양시 주택건설 외 다른 경제분야에 대해서는 세부적인 내용은 공개하지 않았다. 이처럼 북한이 전원회의에서 경제분야의 성과에 대한 특유의 자화자찬 없이 건설, 살림집 분야의 실적만 강조하고 있는 것은 인민의 실생활을 직접 챙기는 지도자상을 부각시키기 위한 의도와 함께 경제분야에 대한 별다른 성과가 없음을 보여주는 것이라 할 수 있다.

2023년 12월 26일 열린 당 중앙위원회 제8기 제9차 전원회의 확대회의에서는 12개 중요고지 점령에서 큰 성과를 보여 경제성장이 8차 당대회 이전인 2020년과 비교할 때 국내총생산액은 1.4배 증가, 중요지표 중 삼화철은 3.5배, 선철 2.7배, 압연강재 1.9배, 공작기계 5.1배, 시멘트 1.4배, 질소비료 1.3배로 증가했다고 공표하였다. 하지만 이 역시 2020년을 기준으로 각 항목별 기준치가 없어 실제적인 성과를 정량적으로 평가하기 어려운 상황이다.

주요 생산품에 대한 외형적 성과 외에 분명한 점은 주민생활과 직결된 민생경제는 과거와 비교할 때 크게 나아지지 않았다는 점이다. 이처럼 최근 경제난이 지속되자 북한은 오랜 정치적 구호인 '천리마정신'을 다시 강조하고 있다.

2023년 11월 26일 김정은이 함경남도 함흥시의 기간산업설비 공장인 룡성기계연합기업소를 현지지도한 자리에서 '새시대 천리마정신'이라는 구호가 처음 등장하였다. 이후 2023년 12월 제9차 전원회의 보고에서도 김정은은 룡성기계연합기업소가 '제2의 천리마정신'을 창조했다고 언급하기도 했다. 2024년 1월 들어 「노동신문」은 '새시대 천리마정신 창조자들의 충천한 기세'1월 2일, '룡성에서 타오른 새시대 천리마정신의 봉화'1월 15일, '새시대 천리마정신은 어떤 정신인가'1월 18일, '새시대 천리마정신은 이렇게 창조되었다'1월 24일 등 관련 기사를 계속 보도하였다.

이처럼 북한이 1950년대 후반 김일성 시대의 대표적 대중운동이었던 '천리마운동'을 새로운 시대에 맞춰 재확산하려는 것은 북한의 최근 심각한 경제난을 다시 한번 보여준다고 할 수 있다. 김일성은 '천리마운동'이라는 이름으로 6.25 전쟁 이후 주민을 총동원해 전후 복구와 경제 재건에 나섰다. 김정은 역시 최근 사회주의 경제체제 모순과 대북제재에 따른 심각한 경제난을 다시 한번 주민들을 독려하여 돌파해 보려는 의도인 것이다.

지방발전 20×10 정책

최근 김정은이 가장 중점을 두고 있는 경제정책은 바로 지방경제발전 전략이다. 김정은은 2024년 1월 15일 제14기 제10차 최고인민회의 시정연설에서 지방주민들의 생필품 공급 부족을 '심각한 정치적 문제'라고 주장하면서 '지방발전 20×10 정책'이라는 지방공업발전 전략을 처음으로 제시하였다. 이 정책의 핵심 목표는 향후 10년 동안 매년 20개의 시·군에 기초식품, 의류, 일용품을 생산하는 경공업 공장을 지속적으로 건설하여 전국의 지역경제를 균형 발전시키는 것이라 할 수 있다. 즉 중앙 주도의 지원 아래, 지방 주민들에게 필수 생활필수품을 안정적으로 공급함으로써 수도 평양과 지방 간 생활 수준 격차를 줄이는 것이 목표인 것이다.

이후 북한은 일주일 여 만인 2024년 1월 23~24일 열린 당 중앙위원회 제8기 19차 정치국 확대회의에서 다시 도시와 농촌간의 격차와 낙후된 지방경제 수준을 지적하며, '지방발전 20×10 정책'의 사업체계 및 추진과업 등을 구체화하였다. 이 자리에서 김정은은 "지방 인민들에게 기호식품과 식료품, 소비품을 비롯한 초보적인 생활필수품조차 원만히 제공하지 못하는 것은 오늘날 우리 당과 정부에 있어서 도저히 외면할 수 없는 매우 심각한 정치적 문제"라며 "지금 전반적인 지방경제가 초보적인 조건도 갖추지 못한 매우 한심한 상태"라고 말하였다. 생필품 부족을 직접적으로 시인한 것이다. 이어 매년 20개 시·군에 현대적인 지방공업공장을 건설하여 10년간 총 200개 지역의 물질문화생활 수준을 향상시키는 것을 목표로 제시하였다. 김정은은 이 사업을 직접 챙기겠다고 밝히며 당 조직지도부 내에 전담부서인 '지방공업건설지도과'를 신설하고 정책을 통일적으로 지휘하는 기구인 '지방발전20×10비상설추진위원회'를 조직하였으며, 별도로 임시 부대(124연대)를 창설하여 지방공업공장 건설에 동원하였다.

이러한 '지방발전 20×10정책'의 추진배경에는 북한이 제시한 '사회주의 전면적발전론'이 있다. 북한은 '사회주의 전면적발전론'을 통해 김정은식 지방(시·군) 및 지방공업 발전 정책 추진을 통한 지방 차원의 자력갱생을 모색해 오고 있는데, 이는 모든 부문의 균형적 발전을 강조하며 시·군을 비롯한 지방이 변화·발전하는 새로운 국면을 열어나갈 것을 목표로 제시하고 있다. 김정은 또한 제8차 당대회에서 지방발전의 중요성을 강조하며 국가적인 지원을 주문해 왔다. 이번 '지방발전 20×10정책'은 이전 김일성·김정일 시대에 비해 중앙의 역할이 강조되고 있는 것이 특징이다. 김정은은 지방공업발전에 중앙의 지원이 필요함을 인식하고 중앙이 지방공업공장 건설에 필요한 자금과 노동력, 자재는 책임지도록 강조했다. 이에 공장 건설에 필요한 재원을 중앙이 보장하는 한편, 공장 운영 및 유지는 각 지역의 당 및 행정기관이 책임지도록 하고 있다.

북한은 '지방발전 20×10정책'을 통해 매년 20개 군에 지방공업공장을 건설하여 10년 안에 모든 시·군의 물질문화수준을 향상시키는 것을 목표로 삼고 있다. 이를 위해 김정은은 강원도 김화군의 건설·운영 사례를 '본보기'로 제시하고 전국에 확대할 것을 주문했다. 그리고 2024년 1월 정치국 확대회의에서 20개 시·군을 1년차 사업지역을 선정하였다. 함경북도 경성군·어랑군, 평안남도 숙천군·성천군, 황해남도 재령군, 황해북도 은파군, 개성시 장풍군 등 선정 지역을 살펴보면, 지리적 안배와 지방 산업 기반 등을 고려하여 기본적으로 도 내 낙후 지역들을 골고루 발전시키려는 의도가 엿보인다고 할 수 있다. 이에 2024년 2월 말부터 성천군, 연탄군 등 20개 시·군에서 지방공업공장 건설이 시작되었으며, 김정은이 직접 착공식과 준공식에 참석하기도 했다. 이렇게 선정된 지역들에는 식료품, 의류, 생활용품 등 주민 생활에 직결된 경공업 공장 건설이 진행되고 있다. 2025년에는 기존의 공업공장 건설 외에 보건시설, 복합형 문화중심, 양곡관리시설 등 '3대 필수 대상' 건설이 포함되어 정책 범위가 생활 인프라 전반으로 확장되었다.

정책의 외형적 성과도 어느 정도는 나타나고 있는 모양새이다. 2025년 1월 11일자 「노동신문」은 1월 10일 열린 은파군 지방공업공장 준공식 소식을 전했는데, 이는 2023년 12월 20일 성천군, 2024년 1월 7일 재령군, 1월 8일 숙천군에서 진행된 준공식에 이어 네 번째 준공식이다. 그리고 2025년 3월 1일자 「노동신문」은 2월 28일 하루에만 평양시 강동군, 황해남도 장연군, 함경북도 부령군, 양강도 김정숙군 지방공업공장, 황해북도 개풍구역 지방공업공장과 종합봉사소, 평안남도 은산종이공장 건설 착공식이 각각 현지에서 열렸다고 보도하였다.

문제는 이러한 정책의 실질적 성과가 과연 어느 정도인지의 문제인데, 아직 2년차 정책인 만큼 그 성과를 바로 알기는 쉽지 않을 것이다. 물론 2025년 8월 7일자 노동신문에서는 함주군과 은파군 등에 지어진 새 지방공업공장에서 만든 제품을 사용한 주민들이 "새 공장제품의 덕을 단단히 본다"고 말했다며 당의 지방발전정책을 선전하고 있기도 하다.

현재까지는 북한의 지방발전 전략은 평양과 지방의 심각한 경제격차로 인한 주민들의 불만을 해소하고, 지방경제 발전을 통해 김정은 체제의 안정성을 높이려는 의도로 추진되고 있다고 평가할 수 있다. 하지만 추진과정에서 군대 및 주민들을 대대적으로 동원하는 방식이 기존의 다른 사업추진체계와 특별한 차이점이 없으며, 원자재 및 전력과 같은 생산요소의 안정적 공급에 근본적인 한계가 있으며, 각종 지원을 명목으로 지방주민들의 부담은 오히려 증대될 가능성이 높다는 점에서 실제 민생 개선 효과를 기대하기 어렵다는 분석도 많다.

이처럼 지방발전 20×20 정책은 김정은의 강력한 의지와 중앙의 적극적인 지원으로 진행되고 있으나, 대북 제재와 경제난으로 인해 공장 건설에 필요한 자재와 설비의 조달이 현실적으로 어렵기 때문에 공장 건설 이후 얼마나 지속적으로 운영되어 장기적인 성과를 이룰 수 있을지에 대해서는 긍정적 전망을 하기가 어렵다.

세 번째 - 함께 톺아보기

북한의 계획경제 시스템은 과연 얼마나 효과적인 경제체제인지 생각해 보자.

시기별로 변화해 온 북한의 경제정책 기조의 성과와 한계에 대해 생각해 보자.

북한의 시장 제한 조치는 어떤 효과와 반작용이 나타날 수 있는지 생각해 보자.

현재 북한의 시장화 수준은 어느 정도인지, 그리고 앞으로 어느 수준까지 발전할 수 있을지 생각해 보자.

북한의 경제개발전략이 제대로 된 성과를 거두지 못하는 가장 큰 원인은 무엇인지 생각해 보자.

사회주의 계획경제가 사실상 붕괴된 상황에서 북한은 한편으로는 시장화 현상을 인정하면서 다른 한편으로는 시장에 대한 통제를 함께 추진하고 있다. 이처럼 체제유지와 경제성장을 함께 추구하고 있는 상황은 과연 앞으로 어떠한 결과를 가져오게 될지 생각해 보자.

최근 북한은 '지방발전 20×20 정책'을 집중적으로 추진하고 있다. 과연 현재 북한의 경제구조에서 지방발전 전략이 얼마나 성과를 거둘 수 있을지 생각해 보자.

네 번째

북한의 군과 핵 · 미사일 능력의 쓰임새 알아가기

1. 북한에서 군은 어떤 조직인가

북한에서 가장 중요한 권력기구는 당이다. 북한은 사회주의 국가이기 때문에 당이 모든 권력의 근원이다. 하지만 군 역시 북한에서는 정권 설립 시기부터 중요한 정치적 역할을 하여 왔다. 김정일 시대에 '선군정치先軍政治, military-first politics'라는 이름으로 군이 전면에 등장하여 상당기간 국가를 주도했던 모습만 보아도 알 수 있다.

이러한 이유 때문에 북한에서 군의 위상, 더 나아가 당과 군의 관계는 사회주의 국가의 당-군 관계가 가지고 있는 보편성은 물론이고 북한적 특수성도 함께 가지고 있다고 하여야 할 것이다. 북한은 3대 세습을 통해 최고지도자 1인을 중심으로 한 권력구조를 공고히 해 왔고, 또 그렇게 해야만 하기 때문에 북한에서 군은 다른 사회주의 국가들과 같이 당에 대해 일방적으로 수직적인 관계로만 볼 수는 없다. 북한에서 군은 역사적으로도 중요한 역할을 담당해 왔다.

북한은 정권 수립 과정에서부터 건당建黨과 건군建軍의 역사는 서로 긴밀한 관계를 가지고 있다. 즉 북한 통치권력의 핵심은 군이었고, 권력구조의 핵심은 당과 군의 관계라 할 수 있는 것이다. 북한의 최고지도자가 가진 통치권력의 원천이 당이라면, 이것을 뒷받침하는 가장 강력한 자원은 바로 군이었다.

북한에서 군의 위상은 어떻게 변화해 왔나

1948년 2월 8일 조선인민군이 창설되었으며, 김일성은 조선인민군은 '당의 군대'가 아닌 '인민의 군대'임을 내세웠다. 조선인민군의 창설은 북한 정권 수립 약 7개월 전의 일로, 군이 국가보다 먼저 설립되었다는 점에서 알 수 있듯이 북한에서 군은 해방 이후 체제 건설 과정에서부터 사회 전반에 영향을 미쳤다. 이후 1958년 군 내에 '당위원회'를 설치하고, 1961년 제4차 당대회를 통해 당규약에 최초로 '군대 내에 당 조직에 관한 규정'을 명시하면서 당-군 관계에서 군에 대한 당의 우위체제가 점차 갖춰지게 되었다. 이후 1958년 2월 8일 군 창건 10주년을 맞아 현지지도를 위해 인민군 제324부대를 방문한 김일성은 인민군은 "당의 혁명적 무장력으로서 조선노동당에 의해서 조직된 군대"라면서, 군이 당에 의해 영도된다는 점을 분명히 하였다.

이후 북한은 1962년 쿠바 미사일 위기와 중·소 국경 분쟁을 거치면서 12월 당중앙위원회 제4기 5차 전원회의에서 독자적인 전쟁수행능력을 확보하기 위해 '4대 군사노선'을 채택하였으며, 4대 군사노선의 이행을 관장할 군사부문의 최고의사결정기구로서 당중앙위원회 산하에 '군사위원회'를 신설하였다. 그리고 중앙 및 도·시·군 단위의 각급 당위원회에도 군사위원회를 설치하였다.

쿠바 미사일 위기와 중·소 국경분쟁

쿠바 미사일 위기는 냉전 시기인 1962년 10월 14일 미국 U-2 정찰기가 쿠바에서 건설 중이던 소련의 SS-4 준중거리 탄도 미사일 기지를 촬영하며 시작되었다. 미국의 케네디 대통령은 소련 미사일의 즉각적 철수를 요구하고 해상 봉쇄를 명령했으며, 10월 16일부터 28일까지 약 2주간 미국과 소련은 핵전쟁 직전까지 치닫는 극도의 긴장 사태에 돌입했다. 10월 27일에는 미국 U-2 정찰기가 쿠바 상공에서 소련군에 의해 격추되는 일촉즉발의 상황까지 있었으나, 10월 28일 양국 정상의 비밀 협상과 공식 메시지 교환을 통해 소련이 쿠바 미사일을 철수하고 미국은 쿠바 불침공을 약속하며 위기는 종결되었다.
중소 국경분쟁은 중국과 소련이 아무르강(헤이룽강)과 그 지류인 우수리강 유역의 영유권을 놓고 벌인 분쟁으로, 1969년 우수리강 전바오섬에서 발생한 군사충돌이 대표적이다. 우수리강 홍수로 국경선이 불명확해지자 3월 2일 전바오섬에서 중국군과 소련군 간 무력 충돌이 발생했는데, 이 충돌은 9월 11일까지 이어졌다. 사상자는 양측 모두 수십 명에서 수백 명에 달한 것으로 추정된다. 1969년 9월 양국이 국경에서 무력충돌을 피하고 협상을 통해 문제를 해결하기로 합의하면서 분쟁은 마무리되었다.

군사위원회의 설치로 1958년 설치된 군 내의 당위원회와 함께 당에도 군사기구가 들어서게 됨으로써 조선인민군은 이념적으로는 물론 조직적으로도 명실상부한 당의 군대가 되었다. 당시 군사위원회가 바로 당규약에 규정되지 않아 그 위상이나 역할을 명확히 규정할 수는 없지만, 그럼에도 당중앙위원회 산하에 군사위원회를 신설한 것은 북한의 당-군 관계에서 중요한 의미를 가진다. 이후 군사위원회의 성격과 역할 변화가 북한의 당과 군의 관계 변화를 잘 보여주는 요소 가운데 하나이기 때문이다. 신설된 당중앙위원회 군사위원회는 이후 1970년 5차 당대회에서 당규약 개정을 통해 군사정책결정과 군에 대한 지도까지 군사 분야 전반에 대해 관여할 수 있는 권한을 부여받게 되었다.

1980년대 들어 군의 역할 변화가 조금씩 나타나게 되는데, 이는 김정일로의 후계체계 구축과 관련이 있다. 1980년 제6차 당대회에서 당규약 개정을 통해 "당중앙위원회 군사위원회는 당 군사정책 집행방법을 토의 결정하며 군수산업과 인민군대와 모든 무력의 강화를 위한 사업을 조직하며 우리나라의 군사력을 지도한다"27조고 규정하면서, 당중앙위원회 군사위원회는 군 지휘권을 확보하게 되었다. 이후 당중앙위원회 군사위원회는 1982년 8월 당중앙위원회 제6기 6차 전원회의에서 당중앙위원회에서 분리되어 '당중앙군사위원회'로 독립되어 군사지도에 대한 독립성을 갖게 된다. 당중앙군사위원회가 별도의 기구로 격상되며 강화된 것은 김정일로의 후계체제와 깊은 연관이 있는데, 이는 1974년 내부적으로 후계자로 지명된 김정일이 1980년 제6차 당대회를 통해 후계자로 공식화되면서 당내 군사기구를 자신의 통제 하에 두고 이를 통해 군을 장악하려 했기 때문이다.

이처럼 김일성 시대에는 단계적 과정을 거치며 당이 중심이 되는 체제를 형성하고, 이후 점차적으로 수령 중심의 당-국가체제를 완성해 가는 과정을 거쳤다. 이후 김정일로의 후계체제를 준비하면서 국방위원회의 권한이 강화되고, 국방위원장이 군에 대한 통수권을 가지는 등 당과 군의 관계에서 변화가 나타나게 된다. 이는 김일성 중심의 권력구조를 그대로 유지한 채 김정일에게는 군에 대한 권한을 부여함으로써 안정적인 권력승계 구조를 확보하기 위한 조치였다. 즉 국방위원회는 김정일의 권력 승계를 위한 도구로 활용된 측면이 강했다고 할 수 있다.

그렇다면 김정일 시대 군의 위상은 어떠했으며, 당과 군의 관계는 어떠하였을까? 김일성 시대 당과 군의 관계가 수령을 중심으로 당이 군을 영도하는 관계를 확립해 가는 과정이었다면, 김정일 시대의 당과 군의 관계는 한마디로 대내외적 어려움에 직면한 북한이 군을 전면에 내세워 당과 국가조직 전반을 견인하는 관계였다고 할 수 있다. 김정일은 당의 시스템적 측면 보다는 군을 앞세운 직할통치 형식으로 최고지도자 1인이 국가의 중대 사안을 모두 결정하고 지시하는 방식으로 국정을 운영하였다.

사회주의권의 붕괴와 식량난, 외화난, 에너지난 등 이른바 '고난의 행군' 시기 집권한 김정일은 당보다 군을 앞세우는 '선군정치' 통치시스템을 구축하였다. 북한은 선군정치에 대해 "군사선행先行의 원칙에서 국정을 운영해 나가며 군대를 주력군으로, 기둥으로 하여 사회주의 위업 전반을 이끌어 나가는 정치"라고 설명하고 있다. 이에 당 중심의 국가운영 방식은 자연스럽게 약화될 수 밖에 없었고, 그 결과 김정일 시대에는 당대회 및 당대표자회 등 핵심 정치행사들이 전혀 개최되지 못하였다. 이로 인해 사회 전 부문에 대한 당적 통제는 거의 이루어지지 못하였으며, 대신 김일성의 권위를 빌린 '유훈통치'와 함께 '선군정치'가 시작되었다.

선군정치의 시작은 김정일 최고사령관이 1995년 1월 1일에 평양시 인근의 제214군부대(방공포부대)를 현지지도하면서부터라고 알려져 있다. 1994년 김일성 사망 이후 공식적으로 전면에 등장하지 않던 김정일은 4년여 간의 유훈통치 기간을 보낸 이후 1998년 국방위원회를 통해 최고통치자로서 그 모습을 드러내게 된다. 1998년 9월 5일 최고인민회의 제10기 제1차 회의에서 헌법개정을 통해 북한은 중앙인민위원회 중심의 국가영도체계를 국방위원회를 중추로 하는 국가영도체계로 개편하게 되는데, 그 핵심은 주석제와 중앙인민위원회를 폐지하고 국방위원장을 국가수반으로 하는 국가기구체계의 개편을 통해 군 중심의 국가 시스템을 제도화한 것이다.

국방위원회는 기존의 국가주권의 '최고군사지도기관'에서 국가주권의 '최고군사지도기관이며 전반적 국방관리기관'으로 권한이 더욱 강화되었다. 개정 헌법에 따르면 국방위원회 위원장은 '조선민주주의인민공화국의 최고령도자'이며(100조) '조선민주주의 인민공화국 전반적 무력의 최고사령관으로 되며 국가의 일체 무력을 지휘통솔한다'고 명시되어(102조), 국가의 사업 전반을 지도하고 외교와 국방의 모든 권한도 가지게 되었다.

국방위원회가 북한의 정치·군사 전반을 통솔하는 최고 권력기구로 등장하면서, 그간 당에 의해 통치되던 군은 이제 국방위원장인 김정일의 직할통치에 의해 통제되게 되었다. 김정일은 권력이 어느 한 조직에 집중되지 않도록 하기 위해 당과 군의 조직을 수평적이고 유기적으로 직할통치하는 방식을 택했다. 또한 국가기구이지만 인적구성상 당·정·군 복합체 성격이 강한 중앙인민위원회를 폐지한 것은 물론이고 당중앙위원회 회의도 열리지 않게 됨으로써 북한의 당-국가체제는 사실상 유명무실해졌다.

이처럼 국방위원회는 군의 역할 강화와 함께 당의 역할과 위상을 축소시켰다. 그리고 이는 상대적으로 당중앙군사위원회의 약화를 가져왔다. 김정일 시대 들어 당중앙군사위원회는 간혹 국방위원회와 공동명의의 군 인사를 단행하거나 당중앙위원회와 공동구호를 발표하는 역할에 그쳤으며, 당중앙군사위원회가 가지고 있던 군사산업과 관련된 제2경제의 상당부분이 국방위원회로 이관되었다. 그 결과 당중앙군사위원회는 인력 충원조차 제대로 이뤄지지 않아 1980년 제6차 당대회에서 19명이었던 당중앙군사위원은 2010년 9월 당대표자회 직전에는 6명으로까지 줄어 그 기능의 작동여부가 불확실한 상태에까지 이르렀다.

이처럼 김정일 시대 들어 당과 군의 관계에는 중요한 변화가 발생하게 된다. 과거 김일성 시대에는 당이 권력의 중심이었다면, 김정일 시대에는 국방위원회가 국가의 최고권력기구로 등장하면서 군이 사회전반을 이끌어 나가는 역할을 하게 된 것이다. 하지만 당에 대한 군의 위상 강화에도 불구하고, 국방위원장이라는 최고지도자에 의해 영도되는 체제의 성격은 여전하다는 점에서 이 시기 북한의 당과 군의 관계는 기존 당 우위의 당-국가체제를 유지한 채 군의 역할이 강화된 체제로 볼 수 있을 것이다. 즉 상징적 측면에서의 당의 영도는 그대로 유지되고 있으며, 당-국가체제의 근본적 성격 변화가 이루어졌다고는 볼 수 없다.

김정은 시대 들어서면서 당과 군의 관계는 다시 변화하는 모습을 보이게 된다. 2021년 1월 제8차 당대회에서 개정된 당규약에서는 기존의 '수령의 군대', '당의 군대', '인민의 군대'라는 표현이 삭제되고, 군을 '국가방위의 기본역량, 혁명의 주력군으로서 사회주의 조국과 당의 혁명을 무장으로 옹호보위하고 당의 영도를 앞장에서 받들어나가는 조선노동당의 혁명적 무장력'이라고 규정하고 있다. 그리고 군은 '모든 군사정치활동을 당의 영도 밑에 진행한다'고 하여, 군에 대한 당의 영도를 분명히 하였다.

제도적으로도 군에 대한 당의 통세가 강화되었다. 이는 당중앙군사위원회와 총정치국의 역할 변화에서 나타난다. 김정은 집권 이후 당중앙군사위원회의 회의가 정례적으로 개최되는 등 군사사업 전반에 대한 당의 지도와 통제가 크게 강화되었다. 당중앙군사위원회는 군사지휘권과 국방사업지도권을 부여받으며 군을 공식적으로 당의 지휘 범위 내에 두었다. 또한 군정지도부를 신설·확대하고, 총정치국의 위상을 약화한 것 역시도 군에 대한 당의 인사 및 생활 지도권을 강화하는 제도적 변화로 나타났다.

Chat-GPT가 그린 북한의 열병식 이미지

민주주의 국가에서는 군의 정치 참여 및 개입을 엄격히 제한하고 있지만, 사회주의 국가에서는 군의 정치적 역할이 상대적으로 크다. 모든 군이 가지는 일반적인 안보 수호의 의무 외에 북한군은 다른 국가의 군들과는 다른 정치·경제적 및 사회적 역할을 가진다. 정치적으로는 '선군정치'라는 국방위원회를 중심으로 체제가 운영되었던 경험처럼 북한에서 군은 중요한 정치적 영향력을 행사하는 기구이다. 또한 6.25 전쟁 이후 전후 복구사업에 전면 투입됨은 물론이고 '고난의 행군' 시기에도 사회 전반에 걸쳐 동원되는 등 북한 체제 자체를 유지하는데 일정 부분 성과를 만들어 왔다.

김정은 시기에도 군은 국가 중점 건설사업에 동원되는 모습을 보이고 있다. 예를 들면 평양 10만호 주택 건설, 원산 갈마 해안관광지구 건설, 삼지연시 온천관광지구 건설, 단천발전소 건설, 태풍 수해복구, 대규모 온실농장 건설 등에서 주도적인 역할을 하고 있다. 2022년 5월 북한이 코로나19 국가비상방역체계를 '최대비상체제'로 전환했을 당시 군이 투입되기도 했었으며, 2024년 1월에는 '지방발전 20×10 정책' 사업 추진을 위해 별도로 임시 부대124연대가 창설되기도 했다. 이 부대는 현재 지방공업공장 건설에 동원되고 있는 것으로 알려져 있다.

2. 북한은 왜 핵·미사일을 포기하지 못할까

북한이 처음부터 핵·미사일을 개발한 것은 아니었다. 그렇다면 북한은 왜 핵·미사일을 개발하게 되었으며, 국제사회의 우려와 제재에도 불구하고 지금까지도 이를 포기하지 않고 오히려 적극적인 외교전략의 도구로 활용하기 있는지를 살펴보도록 하자.

이는 북한의 군사전략의 변화 속에서 그 답을 찾을 수 있을 것이다.

김일성 시기 북한의 군사전략은 '4대 군사노선'으로 설명할 수 있다. 1960년대 중소 분쟁의 시기 안보 우려 속에서 등장한 4대 군사노선은 한 마디로 인민경제에 투입될 자원을 중공업 중심의 국방 분야에 투입하는 것으로서, 한 마디로 일종의 체제전략 차원의 군사력 강화 노선이라고 평가할 수 있다.

1962년 12월 국방에서의 자위와 '경제·국방 병진노선'이 채택되었으며, 이와 함께 '전군 간부화', '전민 무장화', '전국 요새화'라는 군사노선이 제시되었다. 이후 1966년 10월 제2차 당대표자회에서 '전군 현대화'가 마지막으로 제시되면서 '4대 군사노선'이 완성되었다. 이후 4대 군사노선은 1992년 개정 헌법에서 명문화되었다.

노선	정책 목표
전군 간부화	모든 군인을 정치사상적, 군사기술적으로 단련하여 유사시에 한 등급 이상의 높은 직무 수행
전민 무장화	인민군대와 함께 노동자 · 농민을 비롯한 전체 근로자 계급을 정치사상적 · 군사기술적으로 무장
전군 현대화	군대를 현대적 무기와 전투 기술 기재로 무장, 최신 무기를 능숙하게 다루고 현대적 군사과학과 군사기술을 습득
전국 요새화	방방곡곡에 광대한 방위시설을 축성하여 철벽의 군사 요새로 건설

북한의 4대 군사노선

1980년대 중·후반부터 북한은 핵·미사일 개발을 본격적으로 추진하기 시작한 것으로 알려지고 있다. 북한은 1885년 12월 소련과 원자력 발전소 지원 협정 체결 후 NPT핵확산금지조약에 가입하였는데, 이후 핵사찰을 회피하며 IAEA국제원자력기구와 보장조치 협정 체결을 지연시켰다. 영변 등에서 핵재처리 시설을 은밀히 가동하고, 국제사회가 요구하는 IAEA와의 핵안전협정과 핵사찰을 지연시켜 오자, 우리 정부는 미국 등 주요 국가와 긴밀한 협의 하에 북한의 핵개발 시도를 봉쇄하고 북한이 NPT 회원국으로서의 의무를 수행시키기 위해 「한반도비핵선언」1991.11.8.과 「한반도 핵부재 선언」을 발표하였으며, 아울러 북한의 핵개발 노력을 저지시키기 위한 마무리 조치로 북한에 요구하여 1991년 12월 31일 남북한의 「한반도 비핵화에 관한 공동선언」을 채택시켰다.

남북한은 1991년 12월 한반도 핵문제를 협의하기 위한 세 차례의 남북고위급회담을 가지고 '한반도의 비핵화를 통하여 핵전쟁의 위험을 제거하고 조국의 평화와 평화통일에 유리한 조건과 환경을 마련하자'는 공통된 취지에서 「'한반도의 비핵화에 관한 공동선언'」에 합의했다. 전문과 6개항으로 된 「비핵화 공동선언」은 1991년 12월 31일 채택된 뒤 1992년 2월 19일 평양에서 열린 제6차 고위급회담에서 「남북기본합의서」와 함께 발효됐다.

이후 북한은 IAEA의 사찰을 일부 수용하지만, 영변 핵시설에 대한 핵물질 전용 의혹이 제기되게 된다. 북한은 IAEA 사찰의 주권 침해 등을 이유로 1993년 3월 12일 NPT에서 탈퇴한다고 전격 발표하였고, 이후 미국과 UN 등은 이에 강력히 반대하며 제네바 회담 등 외교적 해법을 모색하게 된다.

김정일 정권 들어 미사일 개발과 함께 핵 개발은 더욱 적극적으로 이루어졌으며, 실제 핵실험이 이루어지기도 했다. 2002년 발생한 제2차 북핵 위기 해결 과정에서 미국이 대북 금융제재를 강화하자 2006년 10월 9일 함경북도 길주군 풍계리 핵실험장에서 제1차 핵실험이 전격적으로 단행되었다. 이에 UN 안전보장이사회는 즉각적으로 핵실험을 규탄하는 1718호 결의안을 채택하였다. 당시 1차 핵실험은 폭발력은 낮았지만, 북한의 핵무기 보유 능력을 공식화 함으로써 한반도 내 안보 불안과 군사적 긴장을 고조시켰다. 이후

2008년 12월 6자회담 수석대표 회의를 끝으로 6자회담이 사실상 중단되자 북한은 2009년 5월 25일 1차와 마찬가지로 풍계리 핵실험장에서 제2차 핵실험을 단행하기도 하였다. 2차 핵실험은 1차 핵실험의 0.2~1kt 보다 현저히 증가한 약 2~7kt의 폭발력을 보여 기술적 진전을 시사하기도 하였다.

3. 북한은 핵을 대외정책에 어떻게 이용하고 있는가

북한도 다른 국가들과 마찬가지로 대외정책을 중요하게 추진하고 있다. 1980년 10월 제6차 당대회 중앙위원회 사업총화보고에서 김일성에 의해 '자주, 평화. 친선'으로 천명된 대외정책의 기본이념은 1988년 탈냉전에 따른 국제질서의 변화를 반영하여 친선보다 평화를 앞세운 '자주, 평화, 친선' 순서로 변경되게 된다. 북한 헌법 17조는 "자주, 평화, 친선은 조선민주주의인민공화국의 대외정책의 기본리념이며 대외활동 원칙이다"고 명시하면서, "평등과 자주성, 호상존중과 내정불간섭, 호혜의 원칙에서 국가적 또는 정치, 경제 문화적관계를 맺"으며 "내정간섭을 반대하고 나라의 자주권과 민족적, 계급적 해방을 실현하기 위한 모든 나라 인민들의 투쟁을 적극 지지성원한다"고 하고 있다.

이러한 공식적 대외정책의 기본 이념과 달리 우리에게 북한 외교, 북한 대외정책과 관련하여 가장 먼저 떠오르는 단어는 바로 '벼랑 끝 전술'brinkmanship이다. '벼랑 끝 전술'이란 말 그대로 자신의 원하는 목적을 달성하기 위해 상대방에게 극단적인 위협이나 위기 상황을 조성하여 상대가 양보하도록 유도하는 전략을 말한다.

북한은 그동안 자신의 목적을 달성하기 위해서는 협상이나 설득과 같은 기본적인 외교적 수단을 넘어 군비 증강과 무력 시위를 벌이기도 했고, 다른 국가들과 합의한 내용들을 뒤집는 것도 서슴치 않았다. 심지어는 군사적 도발은 물론이고 핵실험까지 감행하였다. 그리고 관례적인 외교적 표현을 넘어서는 과격한 발언들을 남발하면서 위기를 조성하고 상대 국가들을 압박해 왔으며, 김정은 시대 들어서는 본격적으로 핵무기 보유와 개발을 공식화하면서 핵무력 도발을 통한 대외 압박을 외교패턴으로 자리잡게 했다. 이러한 북한의 대외정책은 말 그대로 극단적 조치를 통해 협상을 자신들에게 유리한 방향으로 끌고 가려는 '벼랑 끝 전술'의 전형적인 모습이라 할 수 있다. 그리고 이러한 벼랑 끝 전술의 결과 북한은 미국을 비롯한 국제사회를 상대로 핵을 무기로 하여 적대정책의 철회나 경제적 지원을 얻어내는 성과를 거두기도 했다.

이처럼 핵은 김정은 시기 북한 대외정책을 설명하는 가장 중요한 키워드라 할 수 있다. 김정은은 체제의 생존과 이익을 극대화하기 위한 수단으로 핵을 선택하였고, 김정일 시대의 핵에 대한 소극적이고 모호한 태도에서 벗어서 적극적인 자세로 핵무기 활용을 공식화하고 핵무기 보유를 대내외에 과시하는 태도를 취하였다.

김정일 시기 역시 핵실험을 통해 미국과의 협상을 추구했지만, 그 양상은 김정은 시기와는 다른 모습이었다. 김정일은 미국과의 협상 과정에서 핵을 사용했지만, 핵·미사일 개발 속도를 조절하면서 핵을 말 그대로 수단으로 사용했다고 볼 수 있다. 1998년 공식적으로 집권한 김정일은 사회주의 체제의 붕괴라는 대외적 위기 속에서 남북관계 개선이나 유럽 국가들과의 수교 등에도 관심을 기울였다. 2001년 미국 부시 행정부가 등장하고 대북 강경정책이 추진되어 국제적으로 다시 고립이 심화되자, 김정일은 2006년 10월 9일 제1차 핵실험을 통해 국제사회에 존재감을 부각하게 되는 것이다.

김정일의 적극적 대외정책

2000년 6월에는 역사적인 첫 번째 남북정상회담이 이루어졌으며, 10월에는 북한의 조명록 특사가 워싱턴을 방문하고 미국의 올브라이트 국무장관은 평양을 방문하기도 했다. 2000년 7월 아시아지역안보포럼(ARF)에 회원국으로 가입하였으며, 2000년에만 호주, 이탈리아, 필리핀, 영국 등과 수교하였으며, 2001년에도 네덜란드, 독일, 브라질 등과 새롭게 수교하였다.

하지만 김정은이 대외정책에 핵무기를 활용하는 방식은 김정일 시대의 그것과는 완전히 다른 모습이다. 북한은 2017년 11월에는 '국가핵무력 완성'을 공식적으로 선언하고, 2022년 9월에는 핵무력 정책을 법제화하였으며, 2023년 9월 헌법 개정을 통해 핵무력의 고도화와 핵무장의 불가역성을 기정사실화하였다. 단계적으로 핵무력과 관련한 수위를 내부적으로도 대외적으로도 높여 가며, 앞으로도 계속 핵을 고도화할 것임을 대내외적으로 천명한 것이다.

김정은 시대 핵에 기반한 북한의 대외정책은 크게 다음과 같은 세 시기로 구분해 볼 수 있을 것이다.

첫 번째 시기는 김정은이 집권한 2012년부터 2017년까지의 시기로 이 시기는 한 마디로 핵에 기반한 대결적 외교정책을 본격적으로 시작한 시기라 할 수 있을 것이다.

2011년 12월 김정일 사망 이후 2012년 집권한 김정은은 처음에는 핵과 경제의 동시발전을 추구하는 병진노선을 채택하였다. 김정은은 집권하자마자 핵능력을 기반으로 미국과의 대결 국면을 보여주었으며, 2013년 2월 12일 3차 핵실험을 감행하면서 미국에 대한 최대치의 압박을 시행하였다. 그리고 단계적으로 핵능력을 강화하면서 2016년 1월 6일 4차, 9월 9일 5차, 2017년 9월 3일 6차 핵실험까지 국제사회를 상대로 도발을 계속하였다. 이 시기는 내부적으로는 김정은 체제를 정치적으로 공고화하는 한편으로 국제관계에서는 미국을 상대로 적극적 도발을 통해 자신들의 국가목표를 달성하고자 한 시기라 할 수 있다.

2012년 2월 29일 미국과 북한은 '2.29 합의'를 통해 미국의 식량지원을 대가로 북한이 우라늄농축프로그램UEP 중단, 핵·미사일 실험 유모라토리엄, 국제원자력기구IAEA 감시단 입북 허용 등 중요한 비핵화 조치를 사전시행하는 것을 합의했다. 이 합의는 북미 간 신뢰를 구축하고, 김정일 시대부터 이어져 왔던 북핵문제 해결을 위한 6자회담 재개를 위한 합의였다.

그러나 김정은은 김정일 시대부터 시작되어 자신이 집권한 이후에 체결된 '2.29 합의'를 미국의 거듭된 경고에도 불구하고 두 달도

채 지나지 않은 2012년 4월 13일 장거리미사일인 광명성 3호를 발사함으로써 최단기간 내에 이를 파기해 버렸다.

2012년 '2.29 합의'의 파기와 2013년 2월 12일 3차 핵실험이라는 급작스러운 북한의 도발은 미국을 비롯한 국제사회에 큰 충격을 안겼다. 이는 북한의 도발에 즉각적인 양보나 보상을 하지 않고, 북한이 비핵화에 진지하게 임할 때까지 기다리면서 국제공조를 유지한다는 오바마 정부의 '전략적 인strategic patience'라는 대북정책을 더욱 확고하게 하는 계기가 되었다. 그리고 이러한 미국과 북한 간의 강경한 대치상황은 결국 북한으로 하여금 핵·경제 병진노선을 선언하게 하는 계기가 된 것이다.

이 시기 북한은 핵무기 고도화와 장거리 미사일 성능을 개량하기 위한 실험을 지속하였으며, 미국은 이에 대응하여 더욱 강력한 대북제재를 추진하였다. 북한의 3차 핵실험에 대응하여 유엔 안보리는 2013년 3월 더욱 강화된 대북제재 결의 제2094호를 채택하였으며, 북한은 이에 대응해 2013년 3월 당 중앙위원회 전원회의에서 경제와 핵무력의 동시발전을 추구하는 핵·경제 병진노선을 채택하였다.

그리고 2017년까지 김정은은 핵·경제 병진노선의 기조 하에서 핵실험과 장거리 미사일 실험을 진행하며 대결적인 대외정책을 추진하였다. 2016년 1월과 9월에 진행된 북한의 제4차, 5차 핵실험 이후 미국은 유엔 대북제재 결의 제2270호와 제2321호를 채택하면서 북한을 압박하였다. 그리고 2017년 국제사회는 유엔 대북제재 결의 제2375호를 채택하고, 북한에 대한 수출과 수입 제한, 물자 이동 제한은 물론이고 주요 인사의 이동 제한 등의 제재를 실시하였다. 그럼에도 북한은 2017년 11월 다시 '화성-15형' 미사일을 발사했으며, 이에 국제사회는 유엔 안보리 결의 제2397호를 통해 대북 유류 공급 제한을 더욱 강화하고 수출입 품목 금지를 확대하였다. 이같은 국제사회의 대북제재에는 미국, 일본, 유럽은 물론이고 러시아와 중국도 동참하였다.

이 시기 북한은 대외정책 결정과정에서 국무위원장, 즉 김정은의 역할을 더욱 강화하였다. 원래 1998년 헌법 개정 시 주석 직책이 폐지된 이후부터 국가를 대표하는 공식적 직책은 최고인민회의 상임위원장이었으나, 북한은 2016년 6월 헌법 개정을 통해 국무위원장에게 '특사 파견권'과 '외국과 맺은 중요 조약의 비준·폐기권'을 부여하였다. 그리고 1998년 헌법에서 삭제한 외교위원회를 2017년 제17기 5차 최고인민회의에서 다시 복원하였으며, 2019년 4월 개정헌법에 이를 반영하였다. 이러한 일련의 조치들은 대외정책의 강화를 통해 위기 국면을 돌파해 보려는 북한의 전략적 의지가 반영된 결과라고 할 수 있을 것이다.

김정은 시대 대외정책의 두 번째 시기는 2018~2019년까지 짧은 시간동안 이루어진 완전한 비핵화 표명과 유화적 협상노선의 전개 시기로, 이 시기 김정은은 앞서와는 상당히 다른 태도를 보여주게 된다.

김정은 집권 초기 상당 기간 지속된 핵에 기반한 대결적 외교정책은 2018년에 들어서면서 커다란 변화를 맞게 되는데, 북한은 전략핵무기 개발에 필요한 제6차 핵실험과 장거리 탄도미사일 '화성-15형' 실험을 마친 후 2017년 11월 29일 '국가핵무력 완성'을 선언하고 미국과의 협상을 모색하게 된다.

김정은은 2018년 신년사에서 남북관계의 출로를 열어나갈 것을 시사한 후, 그동안 스스로 대결적 외교정책을 통해 국제적 고립을 자초하던 강경한 외교정책에서 2018년 2월 평창동계올림픽을 계기로 아닌 유화적인 외교정책으로 대외관계 개선을 시작하게 된다.

2018년 김정은 「신년사」 中

김정은은 2018년 신년사에서 "각종 핵운반 수단과 함께 초강력 열핵무기시험도 단행함으로써 … 마침내 그 어떤 힘으로도, 그 무엇으로도 되돌릴 수 없는 강력하고 믿음직한 전쟁 억제력을 보유하게 되었다"라고 평가하면서, 핵무력 건설에서의 승리를 새로운 도약대로 삼아 사회주의강국 건설의 모든 전선에서 혁명적 총공세를 벌여 나가자고 주장하였다. 그러면서도 한편으로는 지금은 "북과 남이 마주 앉아 우리 민족끼리 북남관계 개선 문제를 진지하게 논의"할 때라며 여지를 두었다. 그리고 "남조선에서 머지 않아 열리는 겨울철 올림픽 경기대회에 대해 말한다면, 그것은 민족의 위상을 과시하는 좋은 계기로 될 것이며 우리는 대회가 성과적으로 개최되기를 진심으로 바랍니다. 이러한 견지에서 우리는 대표단 파견을 포함하여 필요한 조치를 취할 용의가 있으며 이를 위해 북남 당국이 시급히 만날 수도 있습니다"며 남북관계의 출로를 열어나갈 것을 시사하였다.

2018년 1월 9일 남북고위급회담 합의에 따라 2월 평창동계올림픽에 북한은 총 5개 종목 22명의 선수단을 파견하였으며, 특히 여자 아이스하키는 올림픽 역사상 최초로 남북이 하나의 팀으로 출전하여 세계적으로도 큰 주목을 받았다. 이 팀은 '코리아Korea'라는 이름으로 출전하여, 개막식에서는 남북한 선수단이 한반도기를 들고 공동입장하는 상징적인 장면을 연출하기도 했다.

이러한 유화적 조치 이후 김정은은 2018년 4월 20일 당 중앙위원회 제7기 제3차 전원회의를 열어 '병진노선의 승리'를 선포하고 '사회주의 경제건설 총력 집중'을 새로운 전략노선으로 채택하면서 '국가핵무력 완성'에서 '경제건설'로 국가목표를 전환하였다.

이 자리에서 김정은은 "이제 우리에게 그 어떤 핵시험과 중장거리, 대륙간 탄도 로케트 시험발사도 필요 없게 되었으며, 이에 따라 북부 핵시험장도 자기의 사명을 끝마치었다"며, 병진노선의 '결속'을 선언했다. 그리고 "당과 국가의 전반사업을 사회주의 경제건설에 지향, 모든 힘을 총집중할 것"이라고 밝히고, '사회주의 경제건설 총력집중'이라는 새로운 전략노선을 제시하였다.

2018년 2월 평창동계올림픽 남북 단일팀 구성과 남북 간의 소통 재개를 시작으로 4월 남북정상회담, 6월 북미정상회담이 진행되었으며, 2018년에만 모두 세 차례에 걸쳐 남북정상회담 및 정상 간 만남이 이루어지게 되었다. 그리고 2019년 4월에는 김정은이 집권 이후 처음으로 러시아를 방문하여 푸틴 대통령과 정상회담이 이루어졌으며, 6월에는 시진핑 주석이 취임 이후 최초로 평양을 방문하여 북중정상회담이 이루어지기도 했다.

이처럼 2018년에서 2019년에 이르는 기간 동안 북한외교에서 보여지는 가장 큰 특징은 김정은이 직접 외교행사의 전면에 나서는 모습이 많이 연출되었다는 점이라 할 수 있다.

그동안 김정은은 사실상 정상외교를 거의 하지 않았다. 하지만 2018~2019년 기간 동안 김정은은 남북정상회담은 물론이고 미국, 러시아, 중국과의 정상회담을 통해 국제무대에 자신의 모습을 노출하였다. 뿐만 아니라 부인인 이설주까지도 공식적으로 등장하면서 최고지도자 부부가 함께 외교무대에 나서는 정상국가의 이미지를 보여주고자 하였다.

또한 이 시기에는 '국가핵무력'을 북한 스스로가 선제적이고 자발적으로 제한하고, 이러한 선행조치를 동력으로 하여 비핵화 협상을 추진하였다는 점도 특징적이다.

김정은은 2017년 11월 '화성-15형' 발사 성공으로 미국의 북핵에 대한 우려와 압박이 최고조에 이른 시점에 상대적으로 부담이 적은 비핵화 조치를 스스로 선택하여 이행함으로써, 강제로 비핵화를 당하는 굴욕을 피하고 '국가핵무력을 완성한 핵보유국'으로서 미국과 대등한 입장에서 한반도 비핵화와 북미관계 전환, 역내 안보질서 재편을 교환하는 협상판을 만들고자 한 것이다. 그리고 그 과정에서 김정은이 선제적이고 자발적으로 핵무력을 '제한'하는 조치와 함께 핵무력의 '증대'라는 두 가지 상반되는 조치를 병행하고 있다는 점은 주목할 만하다.

하지만 이 시기 북한은 미국의 트럼프 행정부와 비핵화 협상을 추진하였으나, 성과를 거두지는 못하였다.

2018년 6월 1차 싱가포르 정상회담에서 북미 정상은 양국이 평화와 번영을 위한 새로운 관계를 수립하고, 지속적이고 안정적인 평화체제를 구축하며, 판문점선언을 재확인하며 조선민주주의인민공화국은 한반도의 완전한 비핵화를 위해 노력하고, 전쟁포로 및 전쟁실종자 등의 유해를 즉각 송환하는 것을 포함한 유해 수습을 약속한다고 명시한 공동선언문을 발표하였다. 이후 북한은 2018년 5월 24일 풍계리 시험장을 폭파하고, 7월 27일 1차로 미군 유해 55구를 송환하는 조치를 취하였으며, 미국 역시 한미 합동군사훈련을 중단하고 북한과의 비핵화 협상을 위한 제2차 정상회담의 개최 희망 의사를 밝히는 등 공동선언을 실천하는 모습을 보였다.

하지만 양국 정부는 2019년 2월 하노이에서 개최된 2차 북미정상회담에서 비핵화와 제재 해제의 범위 등에 대한 입장 차이로 합의문 도출에 실패하게 되고, 6월 판문점에서 열린 남·북·미 정상회동과 10월 스웨덴 스톡홀름에서 열린 미북 간 실무협상이 별다른 성과 없이 끝나게 되면서 미국과 북한과의 관계는 지금까지 심각한 교착 상태에 빠지게 된다. 이후 북한은 협상노선보다는 핵무력을 강화하는 정면돌파 노선을 선택하게 되는 것이다.

이처럼 김정은은 2017년 11월 국가 핵무력 완성선언을 기점으로 2018~2019년의 2년여 동안 이전에는 볼 수 없었던 수준의 정상외교 활동을 통해 국제사회에 강력한 존재감을 보여주었다. 2년여 동안 세 차례의 남북정상 간 만남은 물론이고 두 차례의 북미정상회담이 열렸으며, 중국과는 무려 다섯 차례의 정상회담을 개최하였다. 또 집권 이후 최초로 러시아와의 정상회담도 개최하였다.

이런 점에서 2018~2019년은 북한 외교사에서 매우 이례적인 시기로 기록될 수 있을 것이다. 어느 시기보다 적극적인 외교정책을 추진하였으며, 그동안 국제사회에 모습을 잘 드러내지 않던 최고지도자 김정은이 공개적으로 외교무대에 등장하고 그의 육성이나 행동이 국제사회에 그대로 노출된 것이다.

하지만 이례적이며 적극적인 외교정책을 펼쳤음에도 불구하고 북한은 미국과의 관계 개선이나 경제제재 해제는 물론이고 핵보유국으로 인정받지도 못하면서, 이 기간 동안 원하는 어떠한 외교적 성과도 제대로 이끌어 내지 못하였다. 적극적 외교정책을 통해 어느 때보다 강렬한 국제적인 주목을 받았지만, 사실상 실질적인 성과는 없었던 것이다. 그리고 이 시기 외교정책의 실패는 북한 체제의 고립주의 성향과 자주성 원칙을 더욱 강화하는 결과를 가져오게 되었다.

김정은 시대 대외정책의 세 번째 시기는 이처럼 짧은 기간의 유화적 외교정책이 실패로 돌아간 이후 다시 핵·미사일 도발과 대결적 외교정책을 추진하게 되는 2020년 이후 현재까지의 시기이다.

짧은 기간 동안의 유화적 외교정책이 실패로 돌아가면서 2020년부터 북한은 러시아, 중국과의 관계를 더욱 강화하면서 미국이나 한국과는 대결적 외교정책을 공식화하게 된다. 이러한 태도는 냉전시기 진영주의적 외교를 떠올리게 하는 행태로, 북한은 2018~2019년 시기 보여주었던 완전한 비핵화 표명과 유화적 협상노선과 완전히 상반되는 정책을 취하게 되는 것이다. 이처럼 북한이 러시아 및 중국과의 관계를 더욱 강화하게 된 데에는 2018년 하반기부터 본격적으로 전개된 미국과 중국 간의 갈등도 영향을 미쳤다고 할 수 있다.

김정은은 2021년 1월 8차 당대회 사업총화보고에서 중국과 러시아 등 전통적인 우방국과의 선린관계로의 복귀를 선언하면서 '강대강, 선대선强對强 善對善' 원칙의 대미·대남관계를 천명하였다. 이 자리에서 김정은은 미국을 "최대의 주적"으로 규정하고 미국에서 누가 집권하든 미국이라는 실체와 대북정책의 본심은 절대로 변하지 않는다면서 "제압하고 굴복시키는데 초점을 맞출 것"임을 분명히 밝혔다. 이러한 김정은의 발언은 이제부터 중국 및 러시아와의 공조를 통해 미국에 대응하는 과거 냉전 시기의 전통적인 반미, 반제국주의 자주외교노선으로 회귀할 것임을 분명히 한 것이라 할 수 있다.

이후 김정은은 과거 냉전 시기의 전통적인 반제국주의 외교정책에 대한 인식을 여러 차례 드러내게 되는데, 2021년 10월 국방발전전람회 '자위-2021' 기념사에서 김정은은 "명백한 것은 조선반도 지역의 정세 불안정은 미국이라는 근원 때문에 쉽게 해소될 수 없게 되어 있다"라고 주장하면서 반미, 반제국주의 입장을 분명히 하였다.

2021년 1월 바이든 정부가 출범하면서 미국은 4월 30일 백악관 대변인의 발표 형식을 통해 '조정된 실용적인 접근calibrated, practical approach'이라는 대북정책 가이드라인을 제시하였다. 이에 김정은은 2021년 6월 당 중앙위원회 제8기 3차 전원회의에서 '대화와 대결에 다 준비되어 있어야 한다'고 하였고, 9월 제14기 5차 최고인민회의 시정연설에서는 "미국의 군사적 위협과 적대시 정책은 조금도 달라진 것이 없으며 오히려 그 표현형태와 수법은 더욱 교활해지고 있다"고 평가하며 외교적 관여, 전제조건 없는 대화는 적대행위를 가리기 위한 허울일 뿐이라고 주장하였다.

2022년에는 북한이 핵무력 정책을 법제화하고 다양한 종류의 중·단거리 미사일 실험을 수십 차례 강행하면서, 미국과 북한과의 관계는 교착상태가 지속되게 된다. 바이든 행정부는 '조건없는 대화' 기조를 견지하면서 북한에 지속적으로 대화의지를 밝혔으나, 북한은 2022년 9월 제14기 제7차 최고인민회의에서 핵무기 선제 사용 조건을 명시한 「조선민주주의인민공화국 핵무력정책에 대하여」라는 법령을 채택하였다. 이 자리에서 김정은은 "절대로 핵을 포기할 수 없다"고 단언하면서, 2022년 한 해에만 30여 차례에 걸쳐 탄도미사일을 발사하는 등 핵 보유에 대한 강력한 의지를 보여주었다.

그리고 미국의 한반도 주변 군사훈련과 러시아 인권이사회 자격정지 결의를 비난하는 외무성 명의의 성명을 발표하는 등 미국의 대북정책 전반에 대한 비난을 계속하였다. 이에 대응해 미국은 테러지원국 지정을 연장하고, 인신매매보고서를 발간하는 등의 조치를 통해 대북 관여를 고강도로 유지하였다.

2023년 들어 김정은의 태도는 더욱 강경해져, 2023년 4월 한미 정상회담으로 '워싱턴선언'이 발표되자 북한은 김여정의 입을 통해 "더욱 강력한 힘의 실체에 직면할 것"이라고 공개적으로 비판하였으며, 8월 한미일 세 국가가 캠프 데이비드Camp David 정상회의를 통해 북한 핵위협에 대한 3국 공조를 선언하자 8월 31일 한국의 주요 거점들을 대상으로 한 '전술핵' 타격훈련을 실시하였다. 그리고 10월 4일에는 미국의 '2023 대량살상무기WMD 대응 전략'에 대해 "또 하나의 엄중한 군사정치적 도발"이라고 규정하며 "압도적이고 지속적인 대응"을 공언하기도 했다.

이후 2023년 말부터 북한은 이전과는 다른 태도의 대외정책을 표명하게 되는데, 2023년 12월 말 조선노동당 제8기 9차 전원회의를 통해 남북관계를 "적대적인 두 국가, 교전 중인 관계"로 규정하고, 미국에 대해서는 "강대강, 정면승부의 대미·대적 투쟁원칙"하에 공세적인 초강경 정책을 추진할 것을 강조하게 된다. 이는 앞으로 미국과의 관계에서나 한국과의 관계에서 강경 대응하겠다는 것을 분명히 한 것으로, 앞서 내세웠던 '강대강, 선대선' 원칙에서 벗어나 일관되게 강경 대응 기조로 바뀌었다고 볼 수 있다.

2024년 1월 김정은은 제14기 10차 최고인민회의 시정연설을 통해 남북관계를 '교전 중인 국가관계'로 규정하면서, 통일노선의 전면 전환을 선언하였다. 이 외에도 2024년은 러시아-우크라이나 전쟁에 파병을 하면서 동맹국인 러시아의 전쟁에 직접 개입하였다는 점에서도 외교정책의 전환의 모습을 보여준다고 할 수 있다.

2024년 10월 북한은 러시아-우크라이나 전쟁에 병력을 파병하면서 실제 국제전에 참전하였다. 그동안 핵무력과 한반도 전쟁 가능성에 대해 언급해 왔지만, 이번 파병은 북한이 직접적으로 다른 국가의 전쟁에 개입하였다는 점에서 그 영향과 파장에 대한 우려가 상당하다고 할 수 있다.

이러한 파병 뒷면에는 2024년 들어 급격히 밀접해진 러시아와의 관계가 영향을 미쳤는데, 2024년 1월 최선희 외무상이 러시아를 방문했을 당시 푸틴 대통령은 '빠른 시일 내에' 북한을 방문하겠다는 의사를 밝혔으며, 2024년 6월 북한을 방문하였다. 이는 러시아 정상의 북한 방문으로는 2000년 7월 이후 약 24년 만의 일이다. 2000년 7월 19-20일 당시 푸틴 대통령은 평양을 방문하여 김정일 국방위원장과 정상회담을 가졌는데, 이는 소련 붕괴와 1990년 한-소 수교 이후 냉각되었던 북러 관계에 해빙의 물꼬를 튼 사건으로 평가받고 있다. 러시아 정상이 북한을 공식 방문한 것은 이때가 최초이니, 2024년 푸틴의 북한 방문은 그 자체로 상당한 의미가 있다고 하겠다.

양 정상은 정상회담을 통해 '포괄적 전략적 동반자 관계에 관한 조약'을 체결하였다. 이 조약은 1961년 체결됐다가 옛 소련 해체 이후 공식 폐기된 '소·조 우호협조 및 상호원조 조약'에 포함됐던 군사개입 조항을 사실상 부활시킨 것이라 할 수 있다. 이 조약 제4조는 한쪽이 전쟁 상태에 놓이면 다른 한쪽이 UN 헌장 제51조와 러·북 법에 준해 군사 및 기타 원조를 제공한다고 명시하고 있는데, 이 조항에 근거해 북한군의 파병이 이루어진 것이다. 2023년 8월 우크라이나가 러시아의 쿠르스크 지역을 공격한 것을 러시아가 침공을 당한 것으로 해석하고, 군사원조를 제공한 것이다. 이 조약은 러시아에서는 상·하원의 승인을 거쳐 2024년 11월 9일 푸틴이 서명하였으며, 북한에서는 11월 11일 김정은이 서명함으로써 공식적으로 비준되었다.

그렇다면 북한은 왜 파병이라는 극단적인 전략을 취하게 되었을까? 파병에는 경제적·군사적 측면이 모두 작용한 것으로 평가된다.

먼저 경제적인 측면에서는 군수물자 수출을 통한 경제적 이해관계를 기대했다는 분석이 있다. 월스트리트저널WSJ은 2024년 12월

23일현지시간 북한이 러시아 무기 수출을 위해 군수공장 200곳을 최대로 가동하고 있다고 보도하기도 했다. 또한 경제적 이익에 못지않은 러시아로부터의 군사적·기술적 원조에 대한 기대 역시 크게 작용되었다는 분석이 있다. 북한은 러시아와의 군사적 협력을 통해 한반도 내에서 자신들의 안보를 강화하고, 러시아로부터 향후 군사적 지원을 확실히 보장받고자 하고 있다. 실제로 러시아 외무차관은 한반도 분쟁 시 북한을 군사적으로 지원하겠다고 재확인한 바 있다. 이를 통해 북한은 6.25 전쟁 당시 중국과 소련이 북한을 도운 것처럼, 이번 파병을 통해 북한과 러시아가 '혈맹' 관계로 격상되는 효과를 기대하고 있다는 평가도 있다. 이 외에도 실전 경험을 통해 북한군의 전투력 향상과 내부 결속 강화에 긍정적으로 작용할 수 있다는 평가도 있다. 북한군은 파병을 통해 한반도에서의 안보적 입지와 국제적 영향력을 동시에 강화하려 한 것이다.

2025년 6월에는 푸틴 대통령의 특별지시를 받고 평양을 찾은 세르게이 쇼이구 러시아 국가안보서기가 김정은과 면담한 후 러시아 매체들에게 북한이 공병 1천명과 군 소속 건설노동자 5천명을 추가로 파견하기로 했다고 밝히기도 했다. 전투병 파병에 이어 쿠르스크 재건 인력까지 파견하면서 북한과 러시아는 더욱 밀착하는 모습을 보이고 있는 것이다.

이러한 극단적 형태의 외교정책은 단기간에는 원하는 것을 얻을 수 있을지는 모르겠으나, 장기적으로는 한계를 가질 수밖에 없다. 우선 국제적 고립이 더욱 심화될 것이다. 현재도 북한은 국제사회에서 고립된 위치에 있음을 스스로 잘 인식하고 있으며, 이를 러시아나 중국과 같은 동맹국과의 관계에서 의존하면서 해결하려고 한다. 그리고 이들 동맹국들에게도 핵을 바탕으로 한 벼랑 끝 전술을 통해 자율성을 확보하려고 한다. 이는 북한의 현재 체제 유지를 위해서는 어쩔 수 없는 선택인지는 몰라도, 국제사회에서 고립을 더욱 심화시킴으로써 근본적인 대외정책에서의 한계를 가질 수밖에 없다. 국제정세의 변화나 예상치 못한 변수가 발생하면 북한의 극단적 대외정책이 한계에 처할 수밖에 없고, 북한은 다른 선택을 강요받을 가능성이 있는 것이다.

4. 북한의 군사적 도발을 우리는 어떻게 이해해야 할까

북한은 오랜 기간 동안 핵무력은 물론이고 각종 미사일 도발을 통해 국제사회와 동북아 질서를 위협하고 있다. 김정은 시기 들어서도 일부 유화적 정책을 펼친 시기가 있기는 했지만, 전반적으로 핵무기의 개발 속에서 대외관계를 전적으로 제한받았으며, 오히려 이러한 대외관계의 제한을 자신들의 생존을 위한 방침으로 삼는 모습도 나타났다.

코로나19로 인한 외교적 고립에서 끝난 북한은 2023년 말 남북관계를 "적대적인 두 국가, 교전 중인 관계"로 규정하고 미국에 대해서는 "강대강, 정면승부의 대미·대적 투쟁원칙"하에 공세적인 초강경 정책을 추진할 것을 예고하였으며, 2024년 들어 이러한 원칙을 반영한 듯 핵무력에 대한 언급이나 강경발언은 더욱 빈번해졌다. 또한 2024년 러시아와 '포괄적 전략적 동반자 관계에 관한 조약'을 체결하고, 이를 바탕으로 10월 러시아-우크라이나 전쟁에 직접 군을 파병하기도 하였다. 이런 점에서 김정은 시기 북한의 대외정책은 체제 유지와 내부적 단속, 국제사회에서의 대외적 위치 유지를 위한 여러 가지 모습이 동시에 나타나고 있다고 할 수 있을 것이다.

국제정치의 기본 이론인 현실주의적 관점에서 본다면 북한은 항상 자국의 생존과 이익을 최우선의 목적으로 삼아 왔으며, 김정은은 이를 위한 가장 강력한 수단으로 핵무기를 선택하였다. 북한은 핵무기를 외교정책에서 협상의 수단이자 목적으로 활용하면서 자국의 생존을 위한 가능성을 극대화하려 하였다. 특히 북한은 현실주의 이론에서 상정하는 '당구공' 국가의 전형적인 모습으로, 언제 어느 방향으로든 하나의 원칙으로 자신의 실리를 추구하는 모습을 보여준다. 북한은 철저히 자국의 안보와 생존을 보장하는 차원에서 핵무기를 바탕으로 적극적 대외공세를 펼치고 있는 것이다. 또한 김정은이 2017년 핵무력 완성을 선언한 이후 천명한 자주노선이나, 2024년 초 남북관계에서 민족의 개념을 삭제하고 '교전 중인 두 국가관계'로 설정한 것은 역설적으로 배타적 민족주의적 성격을 보여준다고 하겠다.

현실주의(Realism) 국제정치이론

현실주의적 국제정치이론에 의하면 모든 국가는 체제의 생존을 최우선으로 하면서, 이를 위한 국익의 확보에 집중하는 국가 중심의 현실주의 노선을 외교정책의 기본 기조로 추진해 왔다. 이는 '당구공(Billiard Ball)' 모델, 즉 국가는 '다른 국가들과 완벽히 격리된 폐쇄적이고 불침투성의 주권적 단위'라는 가정에 기반하여 과도한 국가우선주의의 모습으로 나타나게 된다. 또 다른 한편으로는 정치 및 안보 분야에서의 국익을 경제사회적인 다른 가치들보다 우선시하는 국방우선주의의 모습으로 나타나게 된다.

하지만 무엇보다 김정은 시대 북한은 대외적 질서 변경을 통해 국제질서를 자신들에게 유리한 방향으로 끌고가려는 모습이 대외정책에서 두드러지게 나타난다. 이를 외교정책에서는 수정주의라고 설명하고 있는데, 한 마디로 수정주의란 지배적인 국제질서에 불만을 가진 국가가 현상 변경을 통해 기존 질서를 자신에게 유리한 방향으로 변경하려는 것을 의미한다. 이를 위해 북한은 공세적 강압외교를 통해 자신들의 목적을 달성하려 하고 있는 것이다.

김정은은 공세적 강압외교를 기반으로 특히 미국을 대상으로 대등한 위치에서 자국의 이익을 주장하고, 이를 통해 기존 질서를 넘어 자국의 생존을 추구하고 있다. 특히 집권과 동시에 광명성 3호를 발사함으로써 '2.29 합의'를 두 달만에 파기해 버린 일이나, 2013년~2017년에 걸쳐 4차례의 핵실험을 시도한 것은 이러한 모습을 잘 보여준다. 물론 2018~2019년 유화적 협상노선을 통해 대미관계 개선과 경제제재 해제를 시도하는 전략을 취했으니 이것이 실익을 거두지 못한 이후에는 더욱 강경한 현상변경 노선을 통해 핵·미사일 도발과 함께 진영주의적 외교정책을 분명히 하고 있다. 2020년 이후부터는 한미 양국 모두와 대화조차 시도하지 않고 있을 뿐 아니라 2024년에 들어와서는 남북관계의 단절과 통일노선의 전면 전환을 선언한 것이다. 또 2024년 8월 미국이 북한과 중국의 핵무력 강화 추이를 반영해 핵무기운용지침을 개정한 것을 비난하며 정해진 시간표에 따라 핵무력 건설을 지속해 나갈 것을 분명히 한 것이나, 11월 3일 한미일 연합 공중훈련에 대응하여 김여정이 전쟁을 언급한 것 역시도 이러한 모습을 잘 보여준다 하겠다.

김여정의 전쟁 언급

2024년 10월 31일 발사된 북한의 대륙간탄도미사일(ICBM) 화성-19형에 대응하여 11월 3일 한미일이 연합 공중훈련을 실시하자 김여정은 11월 5일 '적대세력들의 가중되는 군사적 위협은 우리 핵무력 강화 노선의 정당성을 완벽하게 입증할 뿐이다'이라는 제목의 담화를 통해 핵무기 능력을 과시하며 전쟁을 언급하기도 했다(조선중앙통신 2024/11/5).

그리고 2024년 러시아와 '포괄적 전략적 동반자 관계에 관한 조약'을 체결하고, 우크라이나전에 파병한 것은 극단적인 현상변경을 통해 체제를 유지하고자 하는 극단적 사례라 할 수 있다.

이처럼 우리는 김정은이 '국가핵무력'을 통해 내부적으로는 자신의 통치체제를 공고화하고, 국제적으로도 외교정책을 통해 미국과의 관계를 주도하려는 것을 알 수 있다. 북한은 처음에는 핵무력을 미국과의 관계 정상화를 위한 협상의 수단으로 활용하였으나, 2018~2019년 시기에는 비핵화를 통해 핵을 협상의 목적으로 전환시켰다. 그리고 2020년 이후에는 다시 이를 협상의 수단으로 활용하였다. 북한에게 핵은 자신들의 생존은 물론이고 국제사회에서의 위상을 펼칠 수 있는 가장 유용한 수단이자 도구인 것이다.

네 번째 - 함께 톺아보기

김정일 시대 선군정치는 과연 북한에서 군의 역할이 본질적으로 변화한 것으로 볼 수 있는 것인지 함께 생각해 보자

북한에서 군의 성격은 시대별로 어떻게 변화해 왔는지 생각해 보자.

북한의 핵 · 미사일 능력은 어느 정도 수준인지 생각해 보자.

북한의 핵을 이용한 외교가 언제까지 지속가능할 수 있을지 생각해 보자.

핵을 중심으로 한 북한의 군사적 도발을 우리는 어떻게 이해해야 하며, 또 어떻게 대응해야 할 지 생각해 보자.

다섯 번째

북한 주민의 생활 알아가기

1. 북한 주민들은 어떤 삶을 살고 있는가

북한은 일반인들의 방문조차 쉽지 않은 워낙 폐쇄적인 사회이기 때문에 북한 주민들이 어떤 삶을 살고 있는지 알기는 쉽지 않다. 그래서 제한적이나마 그들의 삶을 가장 잘 알 수 있는 방법은 역시 북한이탈주민들의 이야기를 통해 북한에서의 생활 경험을 듣는 것일 것이다.

물론 이것 역시 그들이 탈북한 시기는 물론이고 그들이 거주하던 지역, 성별과 연령, 출신성분 등에 따라 북한에서의 경험은 물론이고 이를 받아들이는 태도와 마음이 다를 수 있으므로 그 해석에는 각별한 주의가 필요하다. 특히 그들은 정치적이든 경제적이든 어떤 이유에서건 북한체제에 대한 불만을 가지고 탈북했기 때문에 그들의 경험을 이해하는데는 여러 면에서 주의가 필요하다. 하지만 현재로서는 이들의 이야기를 취합하여 북한 주민들의 생활을 살펴보는 것이 가장 합리적인 방안이라 할 것이다.

북한이탈주민들의 탈북동기

남북하나재단의 『2024 북한이탈주민 정착실태조사』에 따르면 북한이탈주민들의 주된 탈북동기로는 '식량이 부족해서'가 23.5%로 가장 높고, 다음으로 '북한체제의 감시·통제가 싫어서(자유를 찾아서)'(20.5%), '돈을 더 많이 벌고 싶어서'(13.7%), '가족(자녀 등)에게 더 나은 생활환경을 주려고'(8.8%), '북한에 함께 있던 가족을 따라서'(8.2%)의 순으로 나타났다.
연령별로 살펴보면 세대별로 탈북동기에 다소 차이가 있는 것으로 나타났다. '식량이 부족해서'는 50대(30.5%), '북한 체제의 감시·통제가 싫어서'는 40대(24.8%), '돈을 더 많이 벌고 싶어서'는 30대(17.0%), '가족(자녀 등)에게 더 나은 생활환경을 주려고'는 50대(10.4%), '북한에 있던 가족을 따라서'는 15~19세(62.4%)가 가장 높게 나타났다.

이에 정부는 2024년 『북한 경제·사회 실태 인식보고서』를 발간하여 주민들의 생활 일부를 공개하였다. 이 보고서는 2013년부터 2022년까지 실시된 북한 경제·사회 심층정보 조사에 응답한 만 18세 이상 북한이탈주민 6,351명의 응답을 바탕으로 작성되었다. 6,351명 가운데 여성은 5,184명으로 1,157명인 남성의 4.5배에 달했으며, 연령별로는 20~30대가 54.8%를 차지했다. 거주지역별로는 82.1%가 접경지역 중 함경북도, 양강도, 평안북도, 자강도 출신이며, 평양 출신은 2.7%에 불과하였다.

조사가 인구학적으로 특정 성별과 20~30대에 집중되었다고 생각할 수도 있으나, 이는 실제 북한이탈주민들의 인구학적 구성과 비슷한 표본으로 응답한 것이다. 정부가 공식적으로 발표하고 있는 북한이탈주민 지원 통계에 따르면 1948년 최초 귀순부터 시작하여 2025년 3월 기준 국내에 입국한 북한이탈주민은 모두 34,352명인데, 이 가운데 여성이 24,783명으로 전체의 72.1%를 차지하고 있고 입국 당시 연령 기준으로 20~30대가 전체의 57%를 차지하고 있다.

그렇다면 『북한 경제·사회 실태 인식보고서』를 통해 부문별 북한 주민들의 삶을 조금 더 구체적으로 들여다 보도록 하자.

먼저 주민들의 생활경제 상황이다. 보고서를 살펴보면, 주민들의 생활경제 상황이 심각한 수준임을 알 수 있다. 사회주의 국가 경제체제를 지탱하는 근간인 배급제가 사실상 붕괴된 것으로 나타나고 있는 것이다. 이는 우리가 이미 세 번째 장에서 함께 알아본 내용이기도 하다.

조사 결과에 의하면 당국으로부터 식량 배급을 받지 못했다는 응답은 72.2%로 여전히 높은 수준이며, 특히 김정은 집권 이후 탈북한 이들은 그 응답비율이 더 높게 나타나고 있다. 뿐만 아니라 공식 직장에서 노임과 식량 배급 어떠한 것도 받지 못했다는 응답 역시 2016년 이후 탈북자들에게서는 50.3%까지 나타났다.

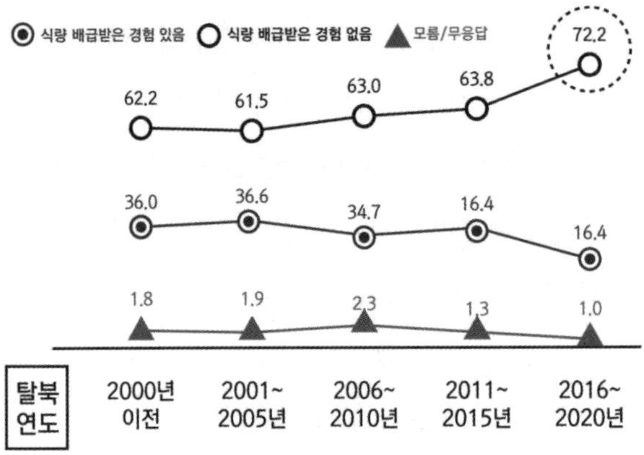

식량배급 경험 비율의 연도별 추이(%)

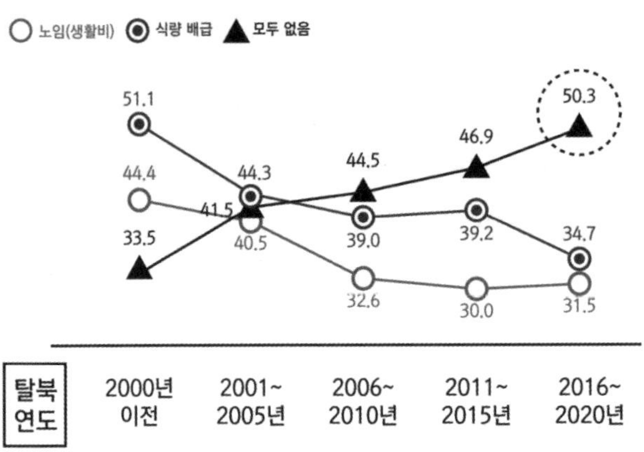

직장의 식량배급 및 노임 지급 여부(%, 복수응답)

북한에서 1990년대 중반 고난의 행군을 거치면서 더 이상 국가의 중앙집권적·계획적 경제관리 시스템이 작동하기 어렵게 되자 주민들은 자연스럽게 시장에 의존하면서 생계를 해결하게 되고, 그 결과 비공식 시장경제가 급속하게 확산되기 시작하였다. 식량 배급은 평양에 거주하는지 혹은 그 외 지역에 거주하는지에 따라서 또

고위간부, 유공자, 특수직업 등 별도 배급을 받는 특수대상인지 아닌지에 따라 크게 차이가 나게 된다.

이런 상황에서 주민들의 삶의 질 제고를 담당할 농업이나 공업 부문 모두 어려움을 겪고 있는 것으로 나타났다. 북한의 기업소공장는 전력이나 원자재 등 생산에 필요한 제반 조건들이 원활하게 보장되지 않아 김정은 집권 이후에도 전력 공급시간과 실제 가동시간이 하루 6시간에도 미치지 못한 기업소의 비중이 37.6%에 이르는 것으로 나타나고 있으며, 생산된 농산물의 70% 이상이 당국과 군부대에 귀속되고 있는 것으로 나타났다. 농장 생산물이 농장원에게 분배되는 비율은 12.9%에 불과했으며, 나머지는 당국 수매 50.4%, 군부대 공급 21.2%로 당국과 군으로 늘어난 곡물생산량이 모두 돌아가고 있었다.

이러한 열악한 경제 상황에서 북한 화폐는 신뢰를 잃을 수밖에 없었다. 김정은 집권 이후 중국의 위안화 통용이 약 5배 증가한 것으로 나타났다. 북한에서 달러화나 위안화 등과 같은 외화는 주민들의 일상 경제활동에 중요한 거래 매개이자 가치저장 수단으로, 특히 2009년 북한 당국의 화폐개혁 실패 이후 북한 화폐에 대한 신뢰도가 하락하면서 외화 통용 현상이 심화되고 있는 것으로 보인다. 좀 더 세부적으로는 평양에서는 상대적으로 달러화 사용이 더 많으며 그 외 접경·비접경 지역 등에서는 위안화를 주로 사용하는 것으로 나타났다.

아직까지 실생활에서 북한 주민들이 가장 많이 사용하는 화폐는 북한돈이다. 지역별로 차이는 있겠지만 북한돈을 가장 많이 사용하고, 달러나 위안화도 사용하는 것으로 알려져 있다. 장마당에서는 주로 북한돈을 사용하고 있지만, 국영상점과 달리 외상거래가 가능하기 때문에 외상거래도 일어나고 있다고 한다. 또 카드제 도입으로 전자결제도 증가하고 있다고 한다.

북한의 화폐개혁

2009년 11월 북한은 북한 내부의 인플레이션 압력을 감소시키고, 시장 확산에 대한 통제를 강화하고, 재정능력을 확보하기 위한 목적으로 구권과 신권을 100:1의 교환비율로 바꾸는 화폐개혁을 실시하였다.

이런 경제상황임에도 권력층에 의한 부정부패가 만연하여 북한 주민들의 고통은 늘어나고 있는 것으로 보인다. 월소득의 30% 이상을 수탈당했다고 응답한 비율이 전체 응답자의 37.1%이며, 그 정도는 김정은이 집권한 2012년 이후 탈북민을 기준으로 하면 더욱 높아져 41.4%에 이르렀다. 2011년 이전 탈북민의 32.8%가 월소득의 30% 이상을 수탈했다고 답한 것에 비하면 김정은 집권 이후 탈북한 이들의 상당수가 권력층에 의해 수탈당한 경험이 있다고 답한 것이다.

뿐만 아니라 부정부패도 심각한 수준이다. 뇌물을 준 적이 있다는 응답 비중 역시 2011년 이전 탈북민의 경우 24.2%였지만, 2012년 이후 탈북민의 경우는 48.3%로 거의 2배 가까이 증가한 것을 알 수 있다. 이는 북한 사회에서 뇌물 관행이 광범위하게 자리잡고 있음을 의미하는 것으로서, 북한에서는 장사나 교육, 입당, 처벌회피 등 사회 전 영역에 걸쳐 뇌물 관행이 자리잡은 것으로 알려져 있다. 그 결과 2016~2020년 기간에 탈북한 이들의 경우 뇌물을 준 적이 있다는 응답률이 54.4%에 달한다.

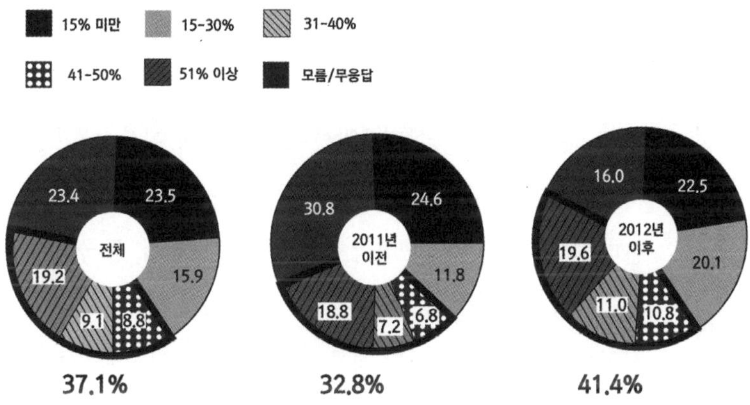

가구 월수입 중 간부 및 정권 수탈 비율(%)

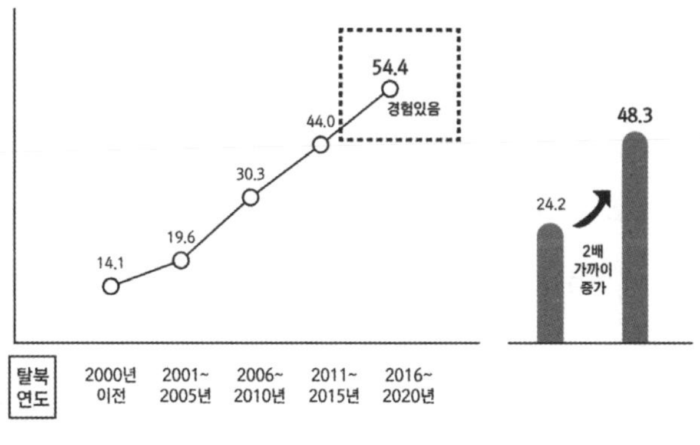

뇌물 공여 경험 유무(%)

이런 상황에서 북한의 경제구조 또한 계층 간, 지역 간 격차가 나타나고 있다. 더 이상 모든 이들의 평등을 주장하는 사회주의가 아닌 것이다. 빈부격차는 물론이고, 평양과 지방 간의 격차도 심각한 수준으로 보인다.

대부분의 탈북민들이 북한 사회의 빈부격차가 커졌다고 평가하고 있다. 이는 사경제 활동을 통해 부를 축적한 '돈주' 등 일부 특수계층의 등장과 함께 당·정·군 간부층도 권력을 이용해 부를 축적하면서, 북한 내 계층간 빈부 격차는 이미 충분히 심각한 수준으로 보인다. '돈주'는 앞서 살펴보았듯이 1990년대 이른바 '고난의 행군' 시기를 거치며 시장 활동을 통해 등장한 북한 내 신흥 부유층을 말한다. 이들은 자본력을 바탕으로 장사나 사채업, 중국과의 무역 등 개인적인 경제활동을 통해 자본을 축적하고 있다. 그 결과 김정은 집권 이후 탈북한 이들의 경우 93.1%가 북한의 빈부격차가 심화되었다고 평가하여, 김정은 집권 이전 탈북한 이들의 응답인 89.4%보다 높은 수준으로 상승하고 있다.

더 심각한 문제는 평양과 지방 간의 지역 간 격차가 심화되고 있다는 점이다. 평양과 지역 간 격차는 공공서비스의 거의 모든 분야에서 나타나는데, 접경·비접경 지역은 평양에 비해 식량 배급은 물론이고 병원 진료나 난방 연료, 개인 수도 등에 이르기까지 공공서비스 및 인프라 공급 측면 전반에서 훨씬 더 열악한 상황으로 나타났다.

뿐만 아니라 지역 간 격차는 식량 배급 경험에서도 나타났다. 접경·비접경 지역 주민들의 식량 배급 경험은 평양 지역 거주민들의 배급 경험의 절반에 불과하였다. 또한 병원 진료 경험도 더 낮게 조사되었다. 평양의 경우 석탄이나 전기와 같은 난방 연료 사용 비율과 개인 수도 비율이 높은 반면에, 접경 지역에서는 나무 연료로 난방을 하는 비율이 72.7%에 이르고 마을 우물 사용 비율이 20% 이상인 것으로 나타났다.

이러한 경제상황에도 여전히 북한에서는 북한식 정치교육 체계인 우상화 교육이 가장 중요하게 다뤄지고 있다. 우상화 교육 아래에서 성장한 북한의 주민들이 민주주의 국가의 국민들처럼 자유롭게 사고하면서 자신의 의견을 피력하는 것은 근본적으로 한계가 있을 수 밖에 없다.

북한 당국은 외형적으로는 지식경제 시대에 맞는 새 세기 교육혁명을 강조하고 있으나, 여전히 김일성·김정일 혁명역사 등 우상화 교육이 가장 중요하게 다뤄지는 것으로 나타났다. 가장 중요한 과목이 김일성·김정일 혁명역사라는 응답이 91.9%에 이르렀다. 하지만 이런 상황 속에도 북한 주민들은 예체능을 비롯한 대학 입학에 유리한 과목을 사교육에 의지하면서 북한 사회 내 사교육 경험자들이 늘어나고 있는 것으로 나타났다.

북한의 교육과정

북한의 의무교육 과정은 원래 11년(유치원 높은 반 1년, 소학교 4년, 중학교 6년)이었으나, 김정은 집권 이후인 2012년 9월 25일 최고인민회의 제12기 제6차 회의에서 '전반적 12년제 의무교육'을 시행하는 법령 발표로 인해 2013년부터 12년제 의무교육으로 개편하였다. 유치원 높은 반 1년, 소학교 5년, 초급중학교 3년과 고급중학교 3년이 북한의 의무교육과정이다.

[북한의 학제]

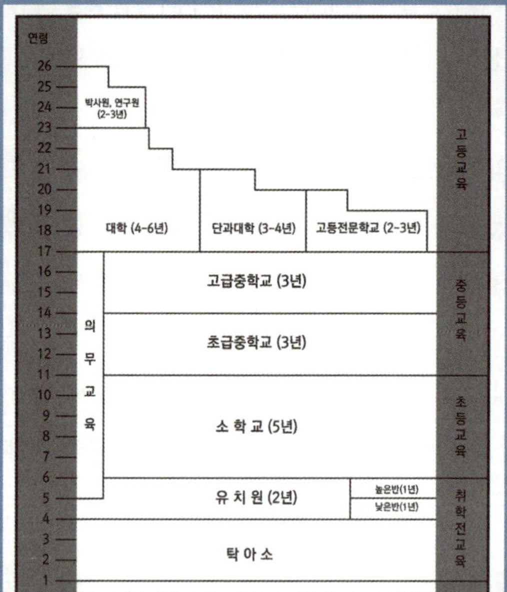

북한 주민들은 일상생활의 여러 부분에서 통제를 받고 있는 모습이다. 북한 당국은 주민들의 사상 이완 방지를 위해 사회 전반에

걸쳐 촘촘한 통제와 규율 체제를 구축하고 있는 것이다. 특히 김정은 집권 이후 북한 당국의 사회 감시 및 통제는 더욱 강화된 것으로 보이는데, 당국의 사회 감시 및 통제가 강화되었다는 응답이 2012년 김정은 집권 이후 탈북한 이들의 경우 71.5%로 2011년 이전 탈북한 이들의 응답 50.7%에 비해 20%p 이상 증가한 것으로 나타났다. 또한 거주지에서 감시를 받았다거나 가택 수색을 당한 경험도 증가하는 추세로, 2016~2020년 탈북한 이들의 경우 거주지에서 감시를 받았다고 응답한 이들은 절반 이상인 51.3%로 나타났다.

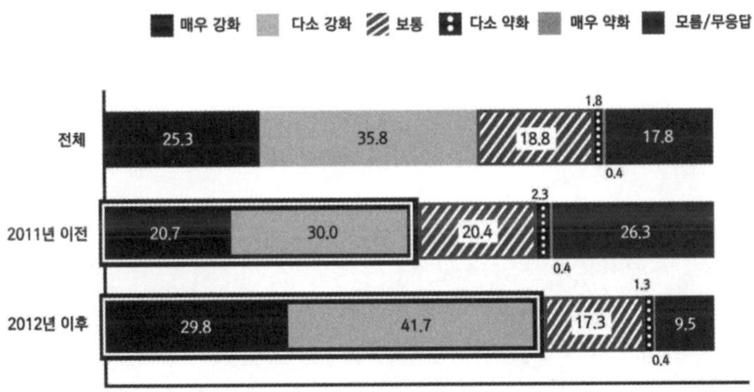

최근 3~4년간 사회 감시 및 통제 강화 정도(%)

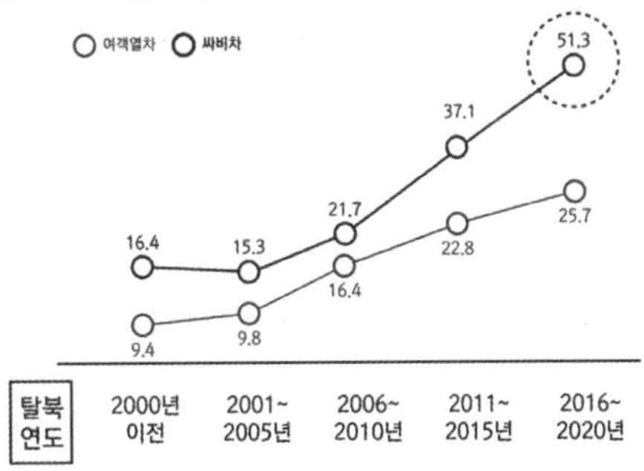

거주지에서 감시 · 가택 수색 경험(%)

이러한 계획경제와 통제의 틈새에서 주민들은 생활을 영위하기 위해 시장으로 향하고 있다. 북한 주민들은 사경제 활동을 통해 식량을 시장에서 구하고, 심지어 의약품조차도 시장에서 구하고 있는 것으로 나타났다. 김정은 집권 이후 시장에서 식량을 조달한다는 비율은 70.5%로 이전보다 더욱 증가한 것으로 나타났다. 이러한 시장 의존은 의료체제에서도 나타나고 있는데 전체 응답자 중 38.3%, 김정은 집권 이후인 2012년 이후 탈북한 이들의 경우 39.6%가 병원 진료 경험이 없다고 답했다. 북한에서는 식량 배분 시스템뿐 아니라 사회주의 의료시스템 조차도 흔들리고 있는 것이다. 북한의 무상치료제도 중 하나인 '의사담당구역제'를 인지조차 못한 응답자가 70.6%에 달했으며, 약품 구입방법으로 종합시장을 택한 응답자가 44.9%였다.

의사담당구역제

일정하게 지역을 지정하고 그 지역 내에 거주하는 사람들의 건강을 의사 1명이 책임지게 하는 주민건강 관리제도로, 병을 치료하기보다는 예방하는 성격이 강하게 반영된 제도이다. 1963년 처음 실시하였으며, 1993년에는 의사호(戶)담당제로 발전하였다. 의사 1명이 대략 200~300명, 농촌 지역에는 500명 내외의 주민을 담당하는 것으로 알려져 있는데 의사 1명이 감당해야 할 주민의 숫자가 많아 효과적인 진료 활동이 어려운 실정이다.

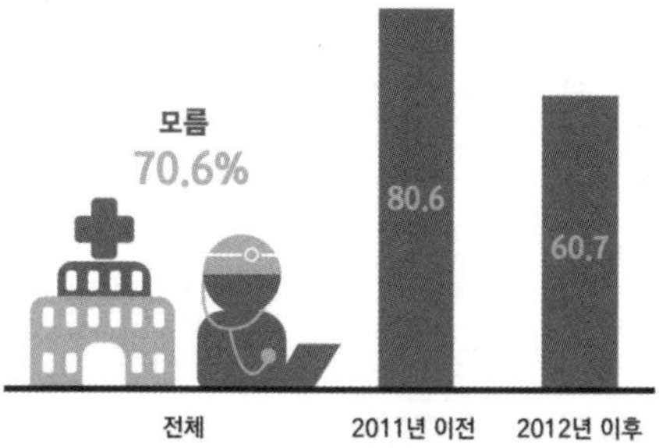

의사담당구역제 인지 여부(%)

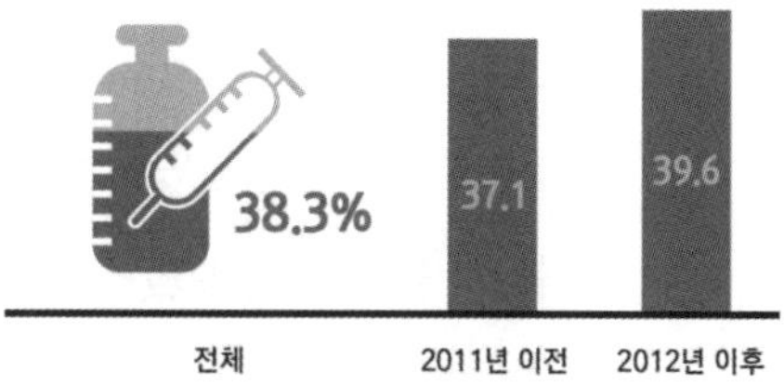

병원 진료 경험 없음(%)

식량과 의약품 뿐만이 아니라 전기나 난방 같은 에너지도 북한 주민들은 말 그대로 '자력갱생'하고 있었다. 만성적인 에너지 부족 상황에서 전력이 산업이나 공공 목적으로 우선 사용되면서 북한에서 가정용 전력 수급은 훨씬 더 열악한 수준에 머물러 있는데, 김정은 집권 이후 최근 일반 가정용 전력 공급은 하루 약 4.3시간으로 2000년대 이전 수준인 5.7시간보다도 낮게 나타났다. 이 때문에 주민들은 중국으로부터 소형 태양광 집열판과 축전지, 변압기 등을 수입하여 일상생활은 물론 소규모 공장 가동에 필요한 전기를 자체 생산하는 에너지 자급이 점차 증가하고 있는 것으로 나타났다. 또한 가정용 난방 역시 주민들이 직접 나무를 구해 와서 해결하고 있는 비율이 69.7%로 높게 나타났다.

교통 수단 역시 소위 '써비차'라는 사적 시장에 맡겨져 있었다. 북한의 교통 인프라는 철도 중심으로 이루어져 있으나, 철도 이외에 마땅한 운송 수단은 부족한 상황이다. 이같은 열악한 공공 교통 인프라의 공백을 파고들어 '써비차'가 확산되고 있는 것이다. '써비차'는 민간이 기관 및 기업소 차량을 불법 운용하거나 개인 차량을 기관 명의로 위장등록해 영업용으로 사용하는 것을 말한다. 한 마디로 돈을 받고 화물이나 여객을 수송해 주는 차량이다. 교통 수단 역시 사적 시장이 발달하고 있는 것이다. 가까운 도시로 이동할 때 '써비차'를 이용해 보았다는 응답은 탈북 연도에 따라 시간이 지날수록 높게 나타나, 2016~2020년 탈북한 이들의 경우 무려 27.1%가 이용해 보았다고 응답하였다.

'써비차'란?

북한에서 써비차란 말이 생겨난 것은 1990년대 중반이다. 영어단어 서비스(Service)와 차를 합성해 만들어진 '써비차'라는 단어는 북한에서 국가배급 체계가 붕괴된 이후 사람들이 먹고 살기 위해 너도나도 장사에 나서면서 생겨난 시장경제의 산물이라 할 수 있다. 써비차는 두 종류가 있는데 우선 각급 기관, 기업소가 기존에 보유하고 있던 차량으로 돈벌이에 나서 이렇게 번 돈으로 노동자들에 대한 식량배급이나 운임, 생산원료 확보에 활용하는 경우가 있으며, 다음으로 실제 개인 소유 차량을 기업소의 차량인 것처럼 등록하고 개인 영리활동을 하는 경우가 있다. 써비차는 이 점에서 철저히 시장경제의 원리에 따라 움직인다고 할 수 있다.

이처럼 탈북민들의 진술에 의하면 북한은 여러 부문에서 사적 시장이 태동하고 발달하고 있는 것으로 보인다. 이 가운데 다른 어떤 사적 시장의 발달보다도 사회주의 국가인 북한에서 생소하게 느껴지는 부분은 사적 고용이 점차 증가하고 있다는 점일 것이다.

북한에서는 사회주의 경제 원칙에 반하는 개인 간 고용 관계가 법으로 엄격하게 금지되어 있으나, 현실에서는 현금이나 현물로 대가를 받고 일해 주는 사적 고용이 점차 증가하고 있는 것으로 보인다. 사적 고용, 즉 '삯벌이'를 해 보았다는 응답 역시 탈북 연도에 따라 시간이 지날수록 높게 나타나는데, 2016년~2020년 탈북자의 경우 14.7%가 사적 고용을 해 본 경험이 있다고 응답하였다.

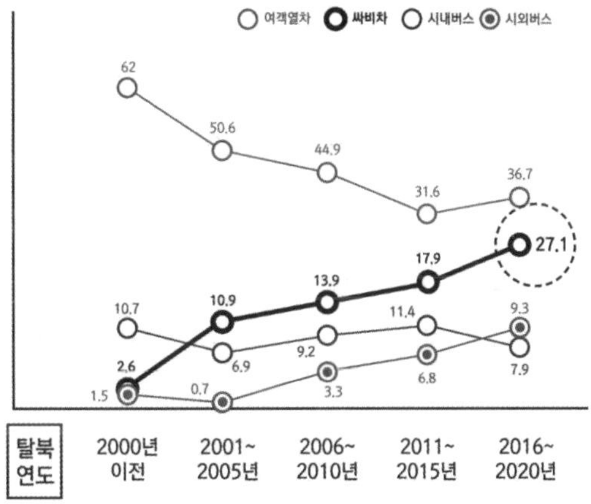

가까운 도시로 이동 시 이용한 교통 수단(%)

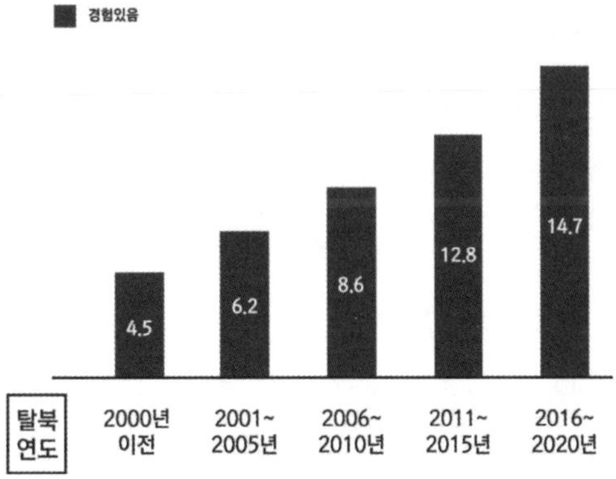

사적 고용(삯벌이)을 해본 경험 유무(%)

사적 고용 못지않게 사회주의 북한경제체제에서 기이하게 느껴지는 현상은 법망을 피해 내 집을 마련하고 있다는 점이다. 사회주의 국가인 북한에서 주택은 공식적으로 당국의 소유이며, 법적으로 개인 간의 주택 매매는 당연히 금지되어 있다. 그러나 주택의 절대적인 공급 부족 속에서, 자산 증식의 수단으로 주민들이 주택을 사고 파는 일이 빈번하게 발생하고 있는 것으로 보인다. 주택을 양도하거나 매매한 경험이 있다는 응답은 김정은 집권 이후 상당히 증가하여 2016~2020년 탈북자의 경우 46.2%까지 증가한 것으로 나타났다, 물론 북한에서 주택 매매는 해당 주택의 소유권이 아닌 '살림집 이용 허가증입사증'을 사고 파는 것이므로, 우리의 주택 매매와는 그 성격이 다르기는 하다.

또 북한에서도 남한처럼 역세권이 존재하는 등 주택의 가격에 입지가 중요하게 작용하고 있는 것으로 나타났다. 2016~2020년 탈북민은 42.9%가 주택의 가격 결성 요인으로 '위치'를 꼽았으며 아파트나 단독 등 주택의 유형18.9%, 주택의 크기14.1% 등이 뒤를 이었다. 좋은 주택의 위치로는 시장이나 공공기관에 가까운 곳을 공통으로 꼽았고, 평양에서는 지하철역 근접성도 중요한 것으로 파악됐다. 그리고 재미있는 점은 한국과 달리 아파트 3~4층이 가장 인기가 있다는 점이다. 왜냐하면 엘리베이터가 없기 때문이다.

결국 지금까지 살펴본 이러한 흐름들은 정도의 차이에 따른 평가는 차이가 있겠지만 큰 흐름에서 북한이 국영경제에서 사경제로 전환하고 있음을 보여준다고 할 수 있다.

북한 주민들은 2000년대 들어 급속한 시장화를 경험하게 된다.

1990년대 중반 이른바 '고난의 행군'을 겪으며, 북한주민들은 생계를 위해 시장 활동에 적극적으로 나서기 시작하였으며, 2000년대 들어서는 급속한 시장화를 경험하였다. 결국 당국이 주도하는 공공경제 부문이 부진을 지속하면서 북한 주민들은 시장에서 장사를 하던가, 소토지에 뙈기밭 경작을 하던가, 밀수를 하는 등의 다양한 사경제 활동을 통해 자신들의 생계를 스스로 유지하고자 한 것이다. 이들에게 '시장이 없으면 생활이 안 된다'는 응답이 전체의 90% 이상이 나온 것은 어찌보면 당연한 일인 것이다. 그리고 이러한 현실은 계획경제에 대한 부정적 인식으로 이어져. '북한 전체 차원에서 사회주의식 계획경제는 좋은 것이다'에 대해 부정적인 대답은 탈북 연도가 최근일수록 부정적으로 나타나, 2016~2020년 탈북자의 경우 절반인 49.4%가 '그렇지 않다'고 응답하였다.

그리고 사경제 활동을 영위하기 위해 실제로 개인 간 사적 금융행위가 성행하고 있는 것으로 나타났다. 북한에서는 개인에게 대가를 제공하고 돈을 빌리는 행위가 법으로 금지되어 있지만, 현실에서는 상거래신용외상거래, 자금대부, 송금 등 개인 간 사적금융행위가 성행하는 추세인 것이다. 그리고 그동안 돈을 빌리는 대상이 주로 가족 및 친지였으나, 김정은 집권 이후 이른바 '돈주'나 환전상 등에게 빌리는 비율이 더 높아졌다. 특히 김정은 집권 이후 장사밑천을 이유로 대출을 받는다는 경우가 57.4%에 이르고 있어 북한에서 사경제 활동이 활발해 진 것으로 보인다. 이처럼 시간이 지남에 따라 이자를 지급하는 개인 간 금융거래 비율이 점점 증가하는 것은 북한에서 초보적인 형태이지만 비공식적으로 금융시장이 형성되고 있는 것을 의미한다고 할 수 있다.

2. 북한 주민들의 생각은 어떻게 바뀌고 있는가

이러한 경제사회적 변화는 자연스럽게 북한 주민들의 생각을 바꿀 수밖에 없다. 『북한 경제·사회 실태 인식보고서』를 통해 일부이기는 하지만 일상에서의 북한 주민들의 의식 변화도 살펴볼 수 있다.

이 중 우리가 주목해야 할 점은 전체주의 국가인 북한에서도 주민들 사이에 개인주의적 성향이 점진적으로 증가하고, 집단주의를 기피하는 경향이 나타났다는 점이다. 북한은 아주 강고한 전체주의 국가이다. 전체주의totalitarianism란 개인의 모든 생각이나 활동이 민족, 국가와 같은 전체의 존립이나 발전을 위해 존재해야 한다는 이념 아래 개인의 자유를 억압하는 체제를 말한다. 이탈리아의 파시즘이나 독일의 나치즘이 대표적이며, 공산당 일당독재인 사회주의 체제도 전체주의로 볼 수 있다. 이처럼 당과 국가를 우선시하는 북한에서 개인의 일을 하는 것이 당과 체제의 일보다 더 중요하다고 생각하는 비중이 점점 더 높아지고 있다는 점은 시사하는 바가 크다 하겠다. 김정은 집권 이전 탈북한 이들 가운데에서는 개인의 일이 중요했었다는 비율38.3%과 정권을 위한 희생이 중요했었다는 비율34.3%이 오차범위 내였으나, 김정은 집권 이후 탈북한 이들은 개인의 일이 정권을 위한 희생보다 중요했었다는 비율이 53.%로 오차범위 밖에서 정권을 위한 희생이 중요했었다는 비율 26.8%보다 우세하였다.

또한 북한 주민들은 국영상점보다 시장에서 구매하는 것을 더 좋아하는 것으로 나타났다. 다만 북한 주민들은 시장을 선호하면서도 자본보다는 권력이 더 중요하다는 인식을 보이고 있기도 하다. 집정은 집권 이후, 전체 응답자 가운데 56.8%가 돈보다 권력이 더 중요했었다고 밝혔으며, 권력보다 돈이 더 중요했었다는 응답률은 25.3%에 불과하였다.

주민들의 의식 변화 중 흥미로운 것은 북한 내에서 시장화가 본격화되고 여성들의 경제활동이 활발해지면서 여성의 가정 내 위상이 점차 변화하고 있다는 점이다. 2016~2020년 탈북한 이들 가운데 여성의 위상이 다소 높아졌다고 응답한 비율은 45.9%, 남편과 동등해졌다는 응답은 12.8%, 남편보다 더 높아졌다는 비율은 17.2%로 2000년 이전보다 가정 내 여성의 위상이 다소 향상된 것으로 나타난 것이다. 그리고 이러한 여성의 시장 활동은 가족 제도 전반에도 영향을 미쳐, 여성의 가정경제 기여도가 상승하면서 북한 여성들의 평균 결혼 연령이 점차 높아지고 있다. 최근 일부 보도에 의하면 북한에서도 출산율이 낮아지고 있다는 소식이 전해지고 있기도 하다. 한국은행 북한경제연구실의 2023년 연구에 따르면 1980년대 2.69명 수준이던 북한의 출산율은 1990년대부터 인구 유지를 위한 출산율인 2.1명을 밑돌아 1.91명 대를 기록하였으며, 2010년도 이후부터는 1.38명 수준으로 떨어졌다고 한다. 통계청은

2023년 북한의 출산율을 1.79명으로 추정하기도 했다. 보통 저소득국가의 출산율이 높은 수준임을 감안하면, 북한의 출산율은 상당히 낮은 수준이라고 할 수 있다. 이에 김정은은 2023년 11년 만에 개최한 전국 어머니대회에서 "출생률 감소를 막아야 한다"며 공식 석상에서 처음으로 저출생 문제를 언급하기도 했다.

이렇게 북한 주민들의 의식 수준이 점차 변화하면서 주민들 사이에서 북한의 권력 세습에 대한 부정적인 인식은 증가하고 있는 것으로 나타났다. 김정은의 권력 승계에 대한 부정직인 평가는 2006~2010년 탈북한 이들의 경우는 36.6%였으며, 2011~2015년 탈북한 이들은 47.9%, 그리고 2016~2020년 탈북한 이들에서는 56.3%에 이르는 것으로 나타났다. 이는 북한 주민들 사이에 '백두혈통'에 의한 세습에 반대하는 인식이 점차 높아지고 있으며, 특히 김정은 집권 이후 더욱 높아지고 있음을 알 수 있다.

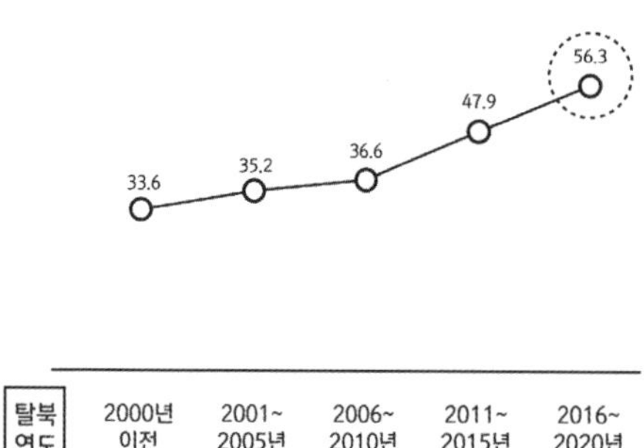

김정은 권력 승계에 대한 부정적 평가(%)

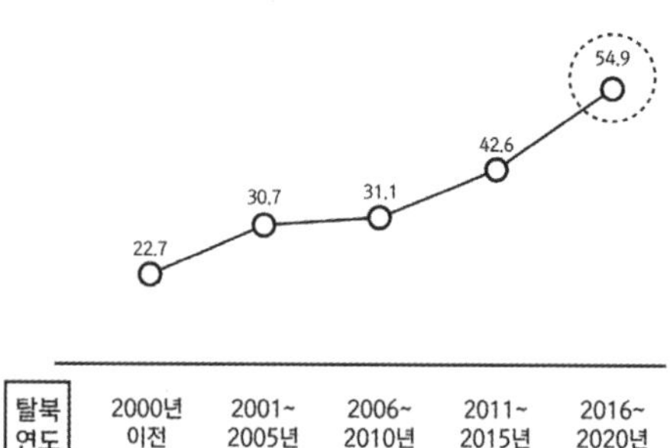

백두혈통 세습에 대한 부정적 평가(%)

이러한 사회경제적 변화로 인한 주민들의 의식 변화는 자연스럽게 북한 주민들에게 외부에 대한 관심을 불러 일으켰으며, 또 반대로 북한 정부에 의한 사회통제의 강화라는 반작용까지 함께 가져왔다.

북한 주민들은 거센 단속 속에서도 꾸준히 유통되는 외부 정보에 상당한 영향을 받고 있는 것으로 보인다. 최근 북한 내 컴퓨터, 휴대전화 등 정보기기가 확산되고 있지만, 이것이 정보의 개방을 의미하는 것은 아니다. 북한은 전 지역에 인터넷이 아닌 폐쇄망인 인트라넷을 구축하고 있다. 전 세계에서 보기 힘든 폐쇄적인 정보통신망을 가지고 있는 것이다. 이런 상황이기는 하지만 북한에서의 휴대전화 보유율은 36.4% 수준이다. 다만 인터넷 이용불가라는 응답이 98.4%에 달했다.

그럼에도 북한 주민들은 USB나 미디어 기기를 통해 외부 영상물을 시청하고 있는 것으로 보인다. 2016~2020년 탈북한 이들의 경우 외부 영상물을 시청했다는 응답이 83.3%에 이를 정도로 이러한 추세는 점점 더 심화되고 있는 것으로 보인다. 물론 주로 본 영상물의 제작 국가가 중국이 71.8%를 차지하고 있기는 하지만, 남한의 영상물을 보았다는 응답도 23.1%에 달한다. 또한 최근 다른 지역이나 외국에서 온 사람들의 이야기를 들어보고 싶다고 응답한 비율이 67%에 이르는 등 북한 주민들의 외부에 대한 관심은 상당히 큰 것으로 보인다.

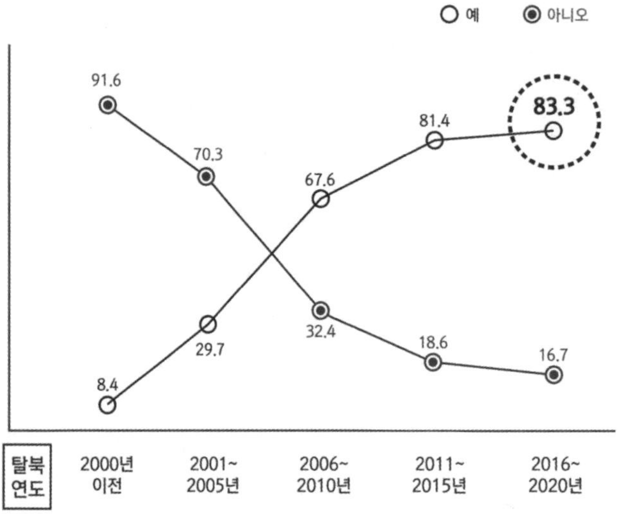

외부 영상물 시청 여부(%)

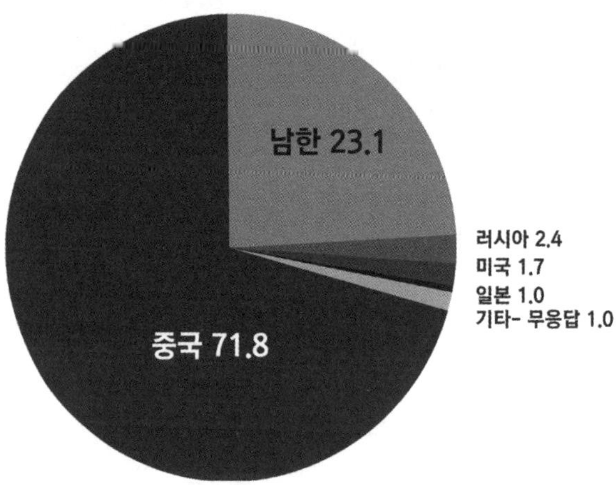

주로 본 영상물의 해당 국가(%)

이러한 상황에서 북한은 이른바 주민통제 3법을 제정하여 체제에 대한 이념적 균열을 막고자 하고 있다. 바로 「반동사상문화배격법」과 같은 사회통제 법률의 제정이다. 최근 북한은 2020년 12월 「반동사상문화배격법」, 2021년 9월 「청년교양보장법」, 2023년 1월 「평양문화어보호법」 등 김정은 체제의 유지를 위한 내부 결속과 주민들의 불만을 잠재우기 위한 목적으로 통제를 강화하는 법률들을 잇달아 제정하였다. 이 세 법을 우리는 북한의 '주민통제 3법'이라고 부르고 있다. 여기에 더해 코로나의 재유행을 대비해 제정된 「비상방역법」도 결국은 방역을 구실로 주민들에 대한 통제를 강화하고 있는 법률이라 할 수 있다.

2020년 12월 4일 제정된 「반동사상문화배격법」은 외국 문화·사상 그리고 자본주의적 생활양식 등 외부 정보와 영향을 철저히 차단하고 주민, 특히 청년을 통제하려는 목적이 뚜렷한 법률이다. 이 법은 북한 내부에 반사회주의적인 사상·문화가 유입·유포되는 것을 근본적으로 막고, 국가의 사상·정신·문화를 수호하는 것을 법의 목적으로 설정하고 있는데, 법이 말하는 '반동사상문화'는 인민대중의 혁명적 사상의식과 계급의식을 마비시키고 사회를 변질·타락시키는 적대세력의 각종 출판물과 외래, 불건전, 이색적인 사상문화를 의미한다.

「반동사상문화배격법」은 외국 영상물, 음악, 출판물 등 외부 정보의 접근·시청 유포를 전면 금지하고 있으며, 기관, 기업소, 단체는 물론이고 일반 공민까지 반동사상문화의 유입 경로와 원천을 철저히 차단할 의무를 부여하고 있다. 컴퓨터, TV, 라디오, 복사기, 인쇄기, 휴대폰 등 전자·전파·장비를 통한 관련 문화물의 시청과 유포를 전면 금지하고 있으며, 해외출장이나 외국과의 접촉 과정에서 불순한 출판·선전물, 전자기기 등을 들여오거나 보관하는 행위를 금지하고 있다. 그리고 이를 위반하여 반동사상문화를 유입, 시청, 유포한 행위자는 어떤 계층, 누구든 상관없이 엄중 정도에 따라 극형까지 포함한 엄격한 법적 제재를 받을 수 있다. 이 법률은 문화·사상의 자유와 정보 접근권을 극단적으로 제한하는 내용이라는 점에서 국제사회의 많은 우려와 비판을 받고 있다.

2021년 9월 29일 제정된 「청년교양보장법」은 북한 청년들을 주체혁명위업의 믿음직한 계승자로 준비시키고, 체제에 대한 충성을 강화하며, 외부 문화의 유입과 사상을 차단하기 위한 목적으로 제정되었다. 북한은 한류와 같은 외부 문화와 시장경제적 풍조가 청년층에 미치는 영향을 차단하고, 청년을 체제 순응적으로 변화시키기 위해 이 법을 제정하였다.

「청년교양보장법」에서는 청년의 역할 및 의무에 대해 청년은 국가의 법을 존엄하게 대하고 의무적으로 준수해야 한다고 하면서, 반사회주의·비사회주의적 현상과 적극적으로 투쟁하여 국가와 사회의 안정을 보장해야 한다고 규정하고 있다. 특히 청년들이 하지 말아야 할 반사회주의, 미신·종교 행위 등을 구체적으로 명시하면서, 법 위반 시 법적 책임과 처벌 규정을 명시하고 있다. 법에 의하면 청년은 "주체혁명위업의 충실한 계승자"가 되어야 하며, 당의 노선과 정책을 계승·관철해야 한다. 또한 청년들은 사회주의 도덕·생활기풍을 실천하며, 꾸준한 준법교육과 사상교육을 받아야 한다.

마지막 주민통제 법률은 「평양문화어보호법」이다. 2023년 1월 최고인민회의 제14기 제8차 회의에서는 남한말을 비롯해 외국식

말투에 대한 단속과 처벌을 강화하는 「평양문화어보호법」이 채택되었다.

이 법에 의하면 평양문화어는 조선어의 기준이며, '괴뢰말'은 서양화, 일본화, 한자화되어 조선어의 근본을 상실한 잡탕말로 규정된다. 한마디로 한국식 언어가 대표적이다. 괴뢰말을 사용하거나 괴뢰말로 된 인쇄물, 녹화물, 편집물 등을 제작·유포하는 행위에 대해서는 6년 이상의 노동화형, 심한 경우 무기노동교화형 또는 사형에 처해질 수 있도록 규정되어 있다.

이 법은 북한 내에서 남한과 외부 문화의 영향을 차단하고, 언어를 통한 체제 유지 및 사상통제를 강화하기 위해 제정되었다고 평가할 수 있다. 이 법 역시도 북한의 고강도 언어 규범과 통제 정책의 일환으로, 주민들의 사고와 표현의 자유까지 제한하는 강력한 문화 통제 법령이라 할 수 있다.

이러한 북한 사회와 북한 주민의 인식 변화를 어떻게 볼 것인가

이처럼 북한 주민들의 인식은 조금씩 또 거대하게 변화하고 있다. 전체주의 정치체제인 북한에서도 이제 더 이상 주민들을 하나의 통일된 인식만을 가질 수 있도록 통제할 수는 없는 것이다. 이제 북한 사회의 변화가 더욱 가속화될 수밖에 없는 상황 속에서 북한 당국은 딜레마에 처할 수밖에 없을 것이다. 경제난으로 인해 주민들의 먹고 사는 문제를 실질적으로 해결해 줄 수 없는 북한 당국은 시장 메커니즘의 확장을 제한적이지만 용인할 수밖에 없을 것이고, 그럴수록 주민들의 인식의 변화는 가속화될 수밖에 없다. 북한 주민들의 일상과 의식의 변화, 그리고 외부정보의 유입이 뚜렷해지면서 북한 당국은 「반동사상문화배격법」 등과 같은 사회통제 입법을 통해 주민들을 통제하려고 안간힘을 쓰고 있지만, 주민들의 의식이 지속적으로 변화하는 상황에서 주민들을 통제하기는 쉽지 않을 뿐만 아니라 강압적인 방식만을 고수할 경우 사회적인 부작용이 더 커질 수 있다는 어려움이 존재한다. 뿐만 아니라 북한 주민들의 체제에 대한 지지도나 3대 세습체제에 대한 거부감 역시 지속적으로 높아지는 상황에서 아무리 김정은 우상화를 통해 이를 억누르려 해도 근본적인 한계를 가질 수밖에 없는 것이다.

결국 북한은 이미 공적 영역의 상당 부분이 시장을 통해서 작동하고 있고 북한의 사회주의 경제는 이 문제를 해결할 수 있는 능력이 부재한 상황이 지속되면서 과거와 같은 체제에 대한 통제력을 유지하는 데에는 근본적인 어려움을 겪고 있는 것이다.

뿐만 아니라 북한에서는 평양과 지방 간의 지역 간 격차는 물론이고 사회계층간의 격차도 분명히 나타나고 있다. 사회주의 국가에서 시장 메커니즘이 작동하게 되면서 북한 사회의 불평등과 계층 간의 격차, 그리고 이러한 변화를 억누르고 통제하기 위해 나날이 진화하고 있는 북한 당국의 대응은 향후 북한 사회 변화가 어떤 방향으로 나아갈지를 결정짓는 중요한 요인으로 작용하게 될 것이다.

다섯 번째 - 함께 톺아보기

중국이나 베트남의 개혁개방 초기 사회변화 수준과 비교해 볼 때 북한의 현재 사회변화 수준은 과연 어느 정도인지 생각해 보자.

주민들을 통제하기 위해 새롭게 제정된 「반동사상문화배격법」, 「청년교양보장법」, 「평양문화어보호법」은 과연 현재 북한의 현실에서 얼마나 실효성을 가질 수 있을 것인지 생각해 보자.

북한 주민들의 인식 변화 수준은 어느 정도이며, 이것은 앞으로 북한체제의 변화에 어느 정도 영향을 미칠 수 있는지 생각해 보자.

여섯 번째

북한 통일정책의 어제와 오늘 알아가기

1. 북한의 통일정책은 무엇인가

북한 통일정책의 변화

북한의 통일에 대한 인식은 우리와 분명히 그 의미와 지향점을 달리 한다. 북한에게 통일이란 사회주의, 공산주의 혁명과 그 건설의 완수를 의미한다. 북한은 '하나의 조선'이라는 통일관에 기초하여 통일문제를 '해방과 혁명'의 논리에서 접근하고 있다. 그 논리에 따라면 북한은 '전全조선혁명'을 위한 혁명기지이고, 남한은 미 제국주의자들의 강제점령 하에 있는 '미未해방지구'이다. 따라서 북한에 있어서 조국 통일은 남조선 혁명을 전제로 하는 통일이며, '조선민주주의인민공화국' 기치 하의 통일을 의미한다.

그동안 시기별로 북한의 통일방안이 어떻게 변하여 왔는지를 살펴보도록 하자.

먼저 광복 이후 6.25 전쟁 시기까지의 북한의 통일방안이다. 이 시기 북한은 '민주기지론'에 입각한 무력통일 방안을 공개적으로 천명하였다. 김일성은 1945년 12월 17일 "북조선을 통일된 민주국가를 위한 강력한 민주기지로 전변시킬 것"을 선언하였는데, 이는 북한지역의 혁명역량을 먼저 강화하고, 그 역량을 바탕으로 전 한반도의 공산혁명을 완수한다는 의미이다. 그리고 실제로 6.25 전쟁을 일으켜 한반도 전체를 공산화하기 위한 무력통일을 시도하였다.

6.25 전쟁 이후 최근까지 북한이 주장하고 있는 통일방안은 연방제이다. 1960년 8월 처음 제기된 연방제 통일방안은 상황에 따라 그 내용이 조금씩 변화되다가 1980년 10월 10일 제6차 당대회에서 기존의 통일방안과 제안들을 종합한 '고려민주연방공화국 창립방안'으로 공식화되었다.

1960~70년대 북한은 남조선 혁명의 실천수단으로 연방제를 제기하면서, 남북연방제 혹은 고려연방제를 통일 방안으로 천명했다. 1960년대 들어 북한은 이른바 '민주기지론'을 견지하면서 평화통일 제안과 '남조선 혁명'이라는 이중전략을 구사하게 되는데, 김일성은 1960년 8월 14일 '8.15 광복 15주년 기념연설'에서 처음으로 연방제 안을 제의하였다. 당시 연설에서 김일성은 어떠한 외국의 간섭도 없이 민주주의적 기초 위에서 자유로운 남북총선거를 하는 것이 평화적 조국통일의 가장 합리적이고 현실적인 방편이지만, "만일 그래도 남조선 당국이 … 아직은 자유로운 남북 총선거를 받아들일 수 없다면 … 과도적인 대책으로서 남북 조선의 련방제를 제의한다"면서, 당분간 남북의 현재의 정치제도를 그대로 두고 "… 두 정부의 대표들로 구성되는 최고민족위원회를 조직해 남북 조선의

경제·문화발전을 통일적으로 조절하는 방법으로 실시하자"고 하였다. 이러한 김일성의 제의는 표면상으로는 연방제를 나타냈으나, 실제로는 당분간 남북한의 정치제도를 그대로 두고 두 정부의 독자적인 활동을 인정하면서도 두 정부의 대표들로 구성되는 일종의 협의기구인 '최고민족위원회'를 통해 경제와 문화 분야에서 규류협력하자고 한 것으로서 사실상 국가연합에 가깝다고 할 수 있다.

그리고 이어 김일성은 1973년 6월 23일 체코 공산당 제1서기 후사크를 환영하는 평양시 군중대회에서의 연설을 통해 '조국통일 5대 강령'을 제시하였다. 당시는 1970년대 세계적인 데탕트 분위기가 형성되면서 북한 역시 스웨덴, 핀란드 등 북유럽 5개국과 수교하고, 각종 UN 산하기구와 WHO 등에 가입하던 시기였다. 북한은 무력 경쟁을 중지하고 군대를 감축하는 등의 평화공세를 펴면서 주한미군 철수를 주장하는 한편으로 한국이 UN에 가입하는 것을 막고자 하였다. 이러한 시대적 상황 속에서 북한은 그 이전까지 통일방안으로 제시하였던 '과도적 연방제'를 수정하여 국호를 '고려연방공화국'으로 하고 이 단일국호로 UN에 가입하자는 새로운 입장을 제시하였다.

'조국통일 5대 강령'의 주요 내용은 첫째, 남북 간의 군사적 대치상태 해소와 긴장상태의 완화. 둘째, 남북 간의 다방면적인 합작과 교류의 실현, 셋째, 남북의 각계각층 인민들과 각 정당 사회단체 대표들로 구성되는 대민족회의 소집, 넷째, 고려연방공화국을 국호로 하는 남북연방제고려연방제의 실시, 다섯째, 고려연방공화국이라는 단일 국호에 의한 유엔 가입이다. 그리고 첫 번째 항과 관련하여 이를 실현시키기 위한 구체적 조치로 무력증강과 군비경쟁의 중지, 모든 외국군대의 철거, 군대와 군비의 축소, 외국으로부터의 무기 반입 중지, 서로 무력을 행사하지 않을 것을 보장하는 평화협정 체결을 제시하였다.

'조국통일 5대 강령'에서 제시하는 연방제안은 1960년대 연방제안과는 다소 차이가 있는데, 우선 양측 정부 대표로 구성되는 협의기구인 '최고민족위원회' 대신 통일전선 형태의 '대민족회의'를 제안함으로써 남한 정부를 인정하지 않는 태도를 보였다. 또 남북 지방정부의 외교·군사 등에 대한 독자적 권한을 인정하지 않고 있기도 하다. 이 제안은 우연하게도 당장의 통일보다는 분단현실을 인정할 것을 강조하면서 통일에 장애가 되지 않는다는 전제 하에 남북한이 함께 유엔이 가입하는 것을 반대하지 않는다는 '평화통일외교정책에 관한 특별 선언'6.23 선언과 같은 날에 발표되었다. 이후 북한은 남북한 유엔 동시 가입은 '두 개 조선 조작 책동'이자 분단을 영구화하는 분열주의 노선이라고 비난하였다.

1980년대에는 '고려민주연방제' 통일방안이 공식화되었다. 1980년 10월 10일 제6차 당대회에서 김일성은 사업 총화보고를 통해 기존의 통일방안과 제안들을 재정리한 「고려민주연방공화국 창립방안고려민주연방제」을 제시하였는데, 이 방안은 자주적 평화통일을 위한 선결조건, 연방국가의 구성과 원칙, 민족대단결 원칙에 기초한 통일 실현이라는 세 부분으로 나뉜다.

우선 자주적 평화통일을 위한 선결 조건으로는 첫째, 한국의 반공법·국가보안법 폐지, 군사파쇼정권의 교체 등 군사파쇼정치 청산과 사회 민주화 실현, 둘째, 평화협정의 체결과 주한미군 철수, 셋째, 자주, 평화, 민족대단결 3대 원칙에 기초한 통일 실현이라는 세 가지를 제시하였다.

다음 연방제의 구성 원칙으로는 우선 남과 북이 사상과 제도를 인정하는 기초 위에서 같은 권한과 의무를 지닌 각각의 지역자치제를 실시하는 연방공화국을 창립하고, 다음으로 남과 북이 동수의 대표로 연방 국가의 최고민족연방회의를 구성하고 그 상임기구로 연방상설위원회를 조직해 남과 북의 지역 정부를 지도하자는 것을 내세웠다.

이와 함께 '고려민주연방제' 통일방안은 '자주적 평화통일을 위한 선결조건'을 제시하고 있는데, 남한에서의 민주화 실현을 위한 반공법·국가보안법 등 폐지, 모든 정당·사회단체들의 합법화 및 모든 정당·사회단체 개별인사들의 자유로운 정치활동 보장, 민주인사·애국인사들의 석방 등이다. 또한 긴장상태 완화 및 전쟁위험 제거라는 명분으로 정전협정을 평화협정으로 바꾸기 위한 미국과의 협상, 주한미군의 조속한 철수, 조선의 내정에 대한 미국의 불간섭 및 '두 개의 조선' 조작 책동 중지 등을 제시하였다.

'자주적 평화통일을 위한 선결조건' 역시 '남조선 혁명론' 발상에 기초하고 있다. 남북의 사상과 제도를 그대로 유지한 상태에서 연방제를 하자고 주장했으나, 남북한의 이질성을 전제로 연방제를 상정하고 있다는 점에서 연방정부의 구성과 운영에 대한 전제가 비현실적이라고 할 수 있다. 또한 '고려민주연방제'안은 국호, 국가형태, 대외정책의 노선 등을 일방적으로 결정하고 있으며, 연방헌법 등 연방의 형성에 따르는 구체적 절차에 대한 설명이 전혀 제시되지 않고 있다는 점도 문제이다. 즉 사상과 제도의 차이를 인정한다고 표방하면서도 실질적으로는 남한의 사회주의화를 통해 북한체제로 통일을 하겠다는 북한 주도의 통일방안인 것이다.

이처럼 1980년대 북한의 연방제는 과도적 방안이라는 성격을 완전히 배제하고 바로 통일국가를 창립하자는 완성형 연방제로, 남북한 사이의 여러 문제를 협의·조절할 기구가 없어지고, 특히 정치·외교·군사권을 '연방상설위원회'가 행사하도록 하였으며, 연방국가의 구성과 운영원칙만 있고 연방헌법 창설절차가 제시되지 않는 등 기존의 연방제와도 큰 차이를 보이고 있다.

1990년대 들어 북한은 다시 대외적으로 큰 환경 변화에 직면하게 된다. 1990년대 들어 소련의 해체와 동유럽 사회주의권의 붕괴로 외교적 고립과 경제난에 처한 북한은 체제 유지 차원에서 남북공존을 모색하게 되고, 이에 김일성은 1991년 신년사를 통해 '1민족 1국가 2제도 2정부'에 기초한 연방제를 제기하였다.

김일성은 신년사를 통해 "잠정적으로는 지역자치정부에 더 많은 권한을 부여하되 점차 중앙정부의 기능을 더욱 더 높여나가는 방향에서 연방적 통일안을 점차적으로 완성할 것"을 천명하였다. 이는 사회주의권의 붕괴와 서독 주도의 독일 통일에 충격을 받고 북한체제의 보장을 위해 지역정부에 외교권, 군사권, 내치권을 부여하는 느슨한 형태의 연방제를 제시한 것으로, 이런 점에서 '1민족 1국가 2제도 2정부'에 기초한 연방제 주장은 「고려민주연방공화국 창립방안」보다는 수세적·방어적 성격을 띠고 있다고 할 수 있다. 체제 생존을 위해 점진적으로 단계적인 통일경로를 택한 것이다. 이러한 1민족 1국가 2제도 2정부 연방제는 중앙정부의 권한이 제한적이고 결합력이 떨어진다는 점에서 '느슨한 연방제'라고도 불린다.

북한은 1993년 「고려민주연방공화국 창립방안」을 표명하면서 연방제 실현의 선결조건으로 "자주적 평화통일을 이룩하기 위해 전민족이 대단결하여 자주적이고 평화적이며 중립적인 통일국가를 창립해야 한다"는 '전민족 대단결 10대 강령'을 채택하였다. 강령의 전문에서는 통일의 주체를 '전민족'으로 규정하면서 "북에 있건 남에 있건 해외에 있건 공산주의자건 민족주의자건 무산자이건 유산자이건 무신론자이건 유신론자이건 모든 차이를 초월하여 우선 하나의 민족으로 단결하여야 하며 조국통일의 길을 함께 열어나가야 한다"고 주장하였다. 특히 첫 번째 강령에서 구체적인 통일론을 제시하고 있는데, "북과 남은 현존하는 두 제도, 두 정부를 그대로 두고 각당·각파·각계각층의 모든 민족성원들을 대표할 수 있는 범민족통일국가를 창립해야 한다."고 하였으며, "범민족통일국가는 북과 남의 두 지역정부가 동등하게 참가하는 연방국가로 되어야 하며, 어느 대국에도 기울지 않는 자주적이고 평화적이고 블록불가담적인 중립국가로 되어야 한다,"는 입장을 분명히 밝힌 것이다. 이는 기존의 연방국가 창설 방안과 통일 후 중립국가 지향을 다시 한번 확고히 강조한 것이라 할 수 있다. 그리고 남한에게도 외세의존 정책 포기, 미군철수 의지 표명, 외국 군대와의 합동 군사 연습 영구 정지, 미국의 핵우산 탈피 등 4가지 사항을 요구조건으로 제시하였다.

2000년대 들어 북한은 '낮은 단계의 연방제' 및 '조국통일 3대

헌장'을 통일방안으로 제시하였다. 2000년 「6.15 공동선언」에서 북한은 '낮은 단계의 연방제'를 제기하였는데, 여기에서 처음으로 남북은 남한의 '연합제'와 북한의 '낮은 단계의 연방제'가 공통점이 있음을 인정하였다.

「6.15 공동선언」 제2항

"남과 북은 나라의 통일을 위한 남측의 연합제안과 북측의 낮은 단계의 연방제안이 서로 공통성이 있다고 인정하고 앞으로 이 방향에서 통일을 지향시켜 나가기로 하였다."

북한은 '낮은 단계의 연방제'는 "1민족, 1국가, 2제도, 2정부의 원칙에 기초하되 남북의 현 정부가 정치, 군사, 외교권을 비롯한 현재의 기능과 권한을 그대로 보유한 채 그 위에 민족통일 기구를 구성하는 것"이라 설명하고 있다. 결국 2000년 「6.15 공동선언」 2항은 남북한이 처음으로 통일방안에 대해 공식적으로 절충점을 찾았다는 점에서 큰 의미가 있다고 할 수 있다. 남북한 양측 모두가 최종목표인 통일보다는 우선 현실적으로 중간단계가 필요하다는 점을 공식적으로 인정한 것이다.

낮은 단계의 연방제의 의미

2000년 10월 6일 고려민주연방공화국 창립방안 제시 20주년 기념 보고대회에서 안경호 조국평화통일위원회 서기국장은 "낮은 단계의 연방제안은 하나의 민족, 하나의 국가, 두 개 제도, 두 개 정부의 원칙에 기초하되 북과 남에 존재하는 두 개 정부가 정치·군사·외교권을 비롯한 현재의 기능과 권한을 그대로 가지게 하고 그 위에 민족통일기구를 내오는 방법으로 북남관계를 민족공동의 이익에 맞게 통일적으로 조정해 나가는 것을 기본내용으로 하고 있다"고 설명하고 있다.

이 연방제 안은 1990년대 '낮은 단계의 연방제' 안에서 중앙정부와 지역정부의 관계가 모호하게 설정된 것에 비해 지역정부가 갖는 권한을 명백히 하고 독자성을 부여하고 있다는 점이 특징이다. 그리고 연방정부가 완전한 권한을 확보하고 제도적 통일을 이룰 때까지 과도기가 필요하다는 점을 인정한 점에서는 1980년대 완성형 연방제와도 차이를 보인다.

북한의 '조국통일 3대 헌장'은 역대 통일 원칙, 강령, 방안 등을 3가지로 종합하여 1997년 신년 공동사설에서 발표한 것이다. 즉 1972년 7.4 남북공동성명에서 제시된 '조국통일 3대 원칙', 1980년 10월 제10차 당대회에서 제시된 '고려민주연방공화국 창립방안', 1993년 4월 최고인민회의 제9기 제5차 회의에서 제시된 '전민족대단결 10대 강령' 등 세 가지를 통칭하여 일컫는 개념이다.

북한은 1997년 7월 2일 '7.4 남북공동성명' 25주년을 맞아 비망록을 발표하면서, 조국통일 3대 헌장을 통일실현과정에서 지켜야 할 원칙으로 강조하였으며, 1998년 2월 평양에서 '정당·사회단체 연석회의'를 열고 "조국통일 3대 헌장을 지침으로 북과 남이 자주와 단합의 길로 나가야 한다"고 주장하였다. 이는 1990년대 위기 상황을 어느 정도 극복하고 김정일 정권의 출범을 준비하면서, 김일성 통일 유훈 관철을 강조하는 동시에 김일성의 정책을 계승한 김정일 통일정책의 기본원칙을 공식화한 것이라 할 수 있다. 이후 2001년 8월 평양 낙랑구역 통일거리에 여성 2명이 한반도 지도를 마주 들고 있는 모습의 높이 30m, 폭 61.5m 규모의 '조국통일 3대 헌장 기념탑'을 건립하기도 했다.

김정은이 집권한 2012년 이후에도 북한은 한동안 대남전략과 통일전선전략의 기조를 지속하였다. 김정은은 2014년 국방위원회 명의의 '특별제안'과 '조선민주주의인민공화국 정부 성명'을 통해 느슨한 연방제, 낮은 단계 연방제로 불리던 통일방안을 '연방연합제'로 공론화하였으며, 2018년 남북관계의 개선을 바탕으로 2019년 신년사에서 "전 민족적 합의에 기초한 평화적인 통일방안의 적극 모색"을 주장하였다. 2019년 개정 헌법에서는 "자주·평화통일·민족대단결을 위해 투쟁한다"제9조를 유지함으로써 김일성과 김정일의 통일전략을 그대로 이어받고 있다.

이후 남북관계의 경색과 함께 통일전략에서 약간의 변화가 발생하는데 2021년 1월 개정된 당규약 서문에는 당의 당면목적을 전국적 범위에서 '사회의 자주적이며 민주주의적인 발전을 실현'하는 것이라고 수정하여, 기존 당규약의 '전국적 범위에서 민족해방민주주의혁명의 과업을 수행'한다는 내용이 삭제되었다. 하지만 이 시기까지만 하여도 북한의 통일전략에 근본적인 변화가 발생했다고 볼 수는 없다.

지금까지 살펴본 북한의 통일방안의 변화를 그림으로 표현해 보면 다음과 같다.

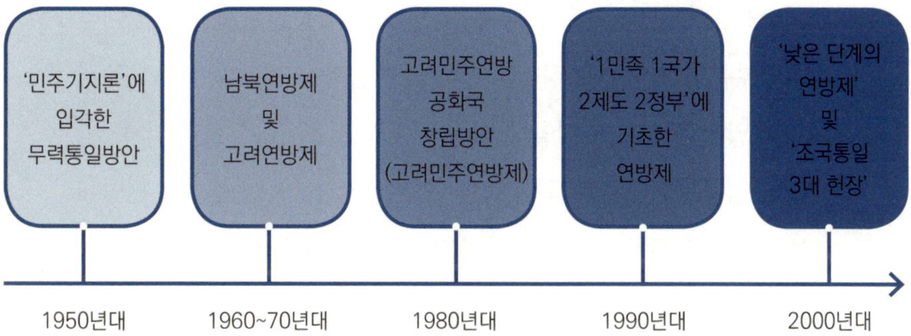

북한의 통일방안 변화

2. 최근 북한은 통일에 대해 어떻게 생각하고 있을까

2023년 말부터 북한의 통일정책에는 급격한 노선의 변화가 나타나고 있다. 남북한 간의 관계를 새로운 관계로 정의하면서 말 그대로 통일정책을 사실상 파기하고 있는 것이다.

2023년 12월 26~30일 열린 당 중앙위원회 제8기 제9차 전원회의에서 김정은은 한국과는 "더 이상 동족관계, 동질관계가 아닌 적대적인 두 국가관계, 전쟁중에 있는 두 교전국 관계로 완전히 고착"

되었다고 하면서 한반도에 두 개의 국가가 존재함을 공식적으로 천명하였다. 또한 "유사시 핵무력을 포함한 모든 물리적 수단과 역량을 동원하여 남조선 전 영토를 평정하기 위한 대사변 준비"를 강조하면서, 핵무력에 의한 '남한 전 영토 평정' 언급하기도 하였다.

이 자리에서 김정은은 당중앙위원회 통일선전부를 비롯한 대남사업부문의 기구들을 정리·개편하고, 지금까지 북한 헌법에서 명시하지 않았던 영토 조항을 헌법에 신설하고 유사시 "대한민국을 완전히 점령, 평정, 수복"하여 북한 영토에 편입시키는 문제도 헌법에 반영하도록 주문하는 등 제도적 조치까지 요구하였다.

이어 2024년 1월 15일 열린 최고인민회의 제14기 제10차 회의에서 김정은은 시정연설을 통해 남북관계를 '교전중인 국가관계'로 규정하면서, 통일노선의 전면 전환을 선언하였다.

시정연설에서 김정은은 "오늘 최고인민회의에서는 근 80년간의 북남관계사에 종지부를 찍고 조선반도에 병존하는 두 개 국가를 인정한 기초우에서 우리 공화국의 대남정책을 새롭게 법화하였다"며, "쓰라린 북남관계사가 주는 최종결론은 ≪정권붕괴≫와 ≪흡수통일≫을 꿈꾸면서 우리 공화국과의 전면대결을 국책으로 하고 있고 나날이 폐악해지고 오만무례해지는 대결광증 속에 동족의식이 거세된 대한민국족속들과는 민족중흥의 길, 통일의 길을 함께 갈 수 없다"는 것을 분명히 밝혔다.

김정은이 시정연설을 통해 경의선 북측구간의 해체와 '조국통일3대헌장기념탑' 철거까지 명령함에 따라 김일성의 통일 유훈의 상징으로 2001년 건립된 조국통일3대헌장기념탑이 철거되었으며, 대남기구인 통일전선부와 남북 해외운동 단체인 범민련 등이 해체되었다. 그리고 최고인민회의는 조국평화통일위원회, 민족경제협력국, 금강산국제관광국 등을 폐지하기로 결정하여 북한의 통일기구에도 상당한 변화가 나타났다.

2024년 10월 7~8일 열린 최고인민회의 제14기 제11차 회의에서 북한은 남한을 적대국가로 규정하는 헌법 개정을 한 것으로 보인다. 영토 및 통일조항의 개헌 여부가 아직까지 공개되지는 않고 있으나, 2024년 10월 17일 「조선중앙통신」 보도를 통해 10월 15일 경의선·동해선 도로와 철로를 폭파한 사실을 공개하면서 "대한민국을 철저한 적대국가로 규제한 공화국 헌법의 요구"에 따른 것임을 밝힘으로서 헌법에 남한을 이미 적대국가로 규정하였음을 간접적으로 시사하였다.

3. 북한의 통일정책 변화는 남북관계에 어떤 영향을 줄까

지금까지 살펴본 것처럼 분단 이후 남북한은 각각 자신들의 입장에서 통일을 주창하다가 1980년대 초에 이르러 각각 통일방안을 체계화하게 된다. 북한은 1980년 기존의 통일방안을 체계화하여 「고려민주연방공화국 창립방안고려민주연방제 통일방안」 발표하였는데, 연방제의 틀을 유지하면서도 연방제를 과도단계로 설정했던 기존 방안과 달리 연방제를 통일국가의 최종형태로 제시하고 있다는 점이 특징적이다. 북한의 고려민주연방제는 '1민족 1국가 2체제'로 남한과 북한의 사상, 제도의 차이를 인정하는 기초위에서 남한과 북한의 지역정부로 구성된 연방제의 통일국가를 형성한다는 것을 주요 내용으로 하고 있다.

그리고 이에 대응하여 전두환 정부는 1982년 「민족화합 민주통일방안」을 발표하였다. 이 방안은 통일까지의 과도적 조치로 '남북한 기본관계에 대한 잠정협정'을 체결하여 남북관계를 진전시키자는 과도단계를 설정하고 있다는 점이 특징으로, 이 과도단계 개념은 이후 통일방안에서 구체화되어 1989년 「한민족공동체 통일방안」을 거쳐 1994년 「민족공동체 통일방안」으로 공식화되었다.

1994년 발표된 「민족공동체 통일방안」은 지금까지 30여년 이상 계승되어온 우리 정부의 공식적인 통일방안이다. 우리 정부는 1982년 「민족화합 민주통일방안」 이후 세 번의 공식적 통일방안을 마련해 왔는데, 모두 '남북연합'이라는 통일의 과도단계중간과정를 설정하고 있는 것이 특징이다. 그리고 기본적으로 자유민주주의적 가치에 기반한 통일국가를 상정하고 있는 것도 중요한 점이라 할 수 있다. 그동안 남북관계의 변화와 돌발상황에도 불구하고 우리 정부는 「민족공동체 통일방안」이라는 일관된 통일정책을 꾸준히 추진하여 왔다. 역대 정부는 「민족공동체 통일방안」에 따라 무력에 의한 통일도, 흡수통일도 추구하지 않고, 화해협력을 통해 상호신뢰를 쌓음으로써, 점진적으로 단계적인 접근을 통해 '남북한 합의'에 의한 평화통일을 추구해 온 것이다.

반면 2023년 말 통일정책의 파기를 선언하기 전까지 북한의 공식적 통일방안은 「고려민주연방공화국 창립방안」이다. 북한은 연방제 통일방안을 기본으로 하면서 상황에 따라 전술적 변화를 계속하여 왔다. 고려민주연방제를 거쳐 '1민족 1국가 2제도 2정부'에 기초한 연방제, '낮은 단계의 연방제', '연방연합제'로 변화해 온 것이다. 하지만 북한의 연방제는 근본적으로 서로 다른 두 국가의 사상과 제도를 그대로 둔 채 하나의 연방국가를 지향한다는 점에서 현실성이 없다고 볼 수 있다. 그리고 기본적으로 사회주의 체제로의 통일을 전제로 하고 있다는 점도 모순적이다.

최근 북한은 통일논의를 일방적으로 중단하였다. 당분간 특별한 계기가 생기지 않는 한 남북관계 해결의 실마리가 쉽게 풀리지는 않을 것으로 보인다. 이러한 상황일수록 새로운 남북관계 모색을 위한 우리 내부의 소통이 더욱 중요하다고 할 수 있다. 아직 우리 사회 내부적으로 남북관계를 어떤 방향으로 가져가야 하는지에 대한 사회적인 합의는 물론이고 기본적인 토론 조차 제대로 이루어지지 못하고 있는 것이 현실인 것이다. 이를 위해 그동안 정부 중심의 top-down 방식으로 추진되던 통일·대북정책과 통일방안 논의를 시민들의 의견을 수렴하여 반영하는 bottom-up 방식으로 변화시켜, 궁극적으로 통일문제에 대한 국민들의 관심과 의지를 높이는 것이 중요할 것이다. 그간 역대 정부들의 대북정책, 통일정책들이 내부적으로 오히려 남남갈등을 발생시키는 원인이 되어왔다는 점에서 사회통합을 위해서라도 대북정책과 통일방안에 대한 논의는 국민과 함께 하는 정책으로 발전해 가야 할 것이다.

여섯 번째 - 함께 톺아보기

시대적 상황의 변화에 따라 북한의 통일정책이 어떻게 바뀌어 왔는지 생각해 보자.

최근 북한의 '적대적 두 국가'로의 통일정책 변화가 우리 국민들의 통일인식에는 어떤 영향을 미칠지 생각해 보자.

일곱 번째

김정은 시대의 북한 알아가기

1. 김정은은 어떻게 권력을 장악하게 되었을까

북한에서 김정은이 후계자로 내정된 것은 2009년으로 보인다. 이 시기 북한은 김정은에 대한 최초의 찬양가로 알려진 '발걸음'을 대대적으로 보급하기 시작하였다. 그리고 2010년 9월 제3차 당대표자회에서 김정은은 당중앙군사위원회 부위원장과 당중앙위원회 위원으로 선임되면서 사실상 후계자로 지명되었다.

여기서 주목할 점은 제3차 당대표자회이다. 북한 사회주의헌법 제32조의 의하면 당대표자회는 당대회와 당대회 사이에 당의 노선과 정책 및 전략·전술의 긴급한 문제들을 토의·결정하며 당중앙군사지도기관 구성원을 소환하고 보선하거나 당중앙지도기관을 선거하거나 당규약을 수정 보충하기 위해 당중앙위원회가 소집하는 회의를 말한다. 통상적으로는 '임시 당대회'의 성격을 가지고 있는데, 북한에서는 지금까지 당대표자회는 단 4차례만 개최되었다. 그리고 그 중 절반인 제3차, 제4차 당대표자회가 바로 김정은의 권력 장악 과정과 관련이 있다. 1966년 제2차 당대표자회 이후 무려 44년 만에 개최된 제3차 당대표자회에서 사실상 후계자로 지명되었다는 점에서 김정은은 등장부터 당을 활용하였다고 할 수 있다.

북한의 '당대표자회'

북한에서 지금까지 당대표자회는 단 4차례만 개최되었다. 제1차 당대표자회는 1958년 3월 3일에서 6일에 걸쳐 개최되어 인민경제발전 제1차 5개년 계획(1957~1961)을 채택하였으며, 제2차 당대표자회는 1966년 10월 5일에서 12일에 걸쳐 개최되어 현 정세와 당의 과업에 대해 논의하고, 사회주의 경제건설의 당면 과업인 인민경제발전 7개년 계획을 3년 연장하였다. 또 베트남 문제에 관한 당대표자회 성명을 채택하였다.

집권 초기 당(黨) 지도체계의 강화(2012~2015년)

2010년 9월 제3차 당대표자회에서는 1980년 이후 30년 만에 당규약을 개정하였는데, 개정된 당규약은 서문에서 당의 역할과 임무를 새롭게 정의하면서 한편으로는 군에 대한 당의 통제를 분명히 명시하였다. 또한 당중앙군사위원회를 '비상설협의기구'에서 '상설 최고군사기관'으로 격상시키고 당중앙위원회만큼의 위상과 역할을 가지게 하였다. 당중앙군사위원회는 최고 군사기관으로 격상되어 '국방사업 전반을 당적으로 지도'27조하는 권한을 가지게 되었는데, 이는 군에 대한 당의 지도를 분명히 보여주는 것이라 할 수 있다. 김정일 시기 국방위원회가 담당하던 역할을 당중앙군사위원회가 대체함으로써 당이 군사정책을 추진하는 모습을 다시 보이게 된 것이다. 그리고 김정은이 신설된 당중앙군사위원회 부위원장직에 선출됨으로써 당중앙군사위원회가 군사부문의 여러 문제들을 관할하는 핵심기구임을 분명히 하였다. 또한 김일성 사망 이후 충원이 이루어지지 않던 당중앙군사위원회 위원을 대폭 충원하여 1980년 제6차 당대회 수준인 19명으로 회복하였다. 이처럼 김정은은 집권 전 이미 국방위원회의 권한 확대로 그간 유명무실한 기구에 불과하였던 당중앙군사위원회의 권한을 확대하여 명시함으로써, 당이 군사정책을 주도적으로 진행하는 모습을 재정립하였다.

이처럼 본격적으로 등장하기 전부터 당대표자회를 통해 군에 대한 당의 통제를 분명히 한 김정은은 다시 한번 당대표자회를 통해 전면에 등장하게 된다. 앞서 설명했듯이 김정은의 후계자로서의 기간은 선대인 김정일에 비해서는 길지 않았다. 김정일은 1974년 2월 당중앙위원회에서 공식 후계자로 지명되고, 이후 김일성의 우상화 작업에 깊이 장악하면서 상당히 오랜 기간 동안 단계적으로 후계 구도를 정립해 왔다. 또 김일성 사망 후에도 4년여 간의 유훈통치 기간을 지내오기도 했다. 이에 비해 김정은은 2011년 12월 17일 김정일이 사망한 이후 100일간의 애도기간이 지난 후 바로 전면에 등장하였다. 그 과정에서 김정은은 또다시 당대표자회를 통해 당규약을 개정하게 된다. 제3차 당대표자회가 44년 만에 개최되었다면, 제4차 당대표자회는 1년 7개월여 만에 다시 개최되었다. 그리고 지금까지 개최되지 않고 있다.

김정은은 2012년 4월 11일 제4차 당대표자회에서 당규약을 개정하여 당을 '김일성-김정일동지의 당'으로 명시하고, 김일성을 '조선노동당의 영원한 수령'으로 김정일을 '조선노동당의 영원한 총비서'로 추대하였으며, 자신은 신설된 '조선노동당 제1비서'로 추대되었다. 또한 김정은은 당중앙위원회 정치국 상무위원과 당중앙군사위원회 위원장으로도 추대되었다. 제4차 당대표자회를 통해 개정된 당규약은 김일성, 김정일을 전면에 내세움으로써 김정은 정권의 정통성의 근거를 분명히 하는 한편으로 김정일 시대의 통치이념인 선군정치 유지를 명시하고 있다는 점에서 우선 김정은의 권력 계승과 그 절차에 중점을 두고 있다고 평가할 수 있다.

김정은은 2013년 3월 당중앙위원회 전원회의와 같은 해 4월 최고인민회의 제12기 제7차 회의를 통해 '경제건설 및 핵무력 건설 병진노선'을 새로운 전략노선으로 제시하였다. 그리고 2013년 6월에는 헌법이나 당규약보다 실질적으로 우선 작동하는 '당의 유일사상체계 확립의 10대 원칙'을 39년 만에 '당의 유일적 영도체계 확립의 10대 원칙'으로 개정하였다.

당-국가체제(party-state system)의 공식화(2016~2020년)

김정은은 집권 초기 당대표자회와 당규약 개정을 통해 김정일의 선군정치에서 벗어나 당 중심의 지도체계의 기틀을 확립하였다. 2016년 5월 제7차 당대회는 당이 김정은의 핵심적 통치기반이며, 당-국가체제가 공식화되었음을 분명히 보여준다.

7차 당대회에서는 김정은 시대 들어 두 번째 당규약 개정이 이루어졌는데, 개정 당규약에서는 조선노동당을 '김일성-김정일주의 당'으로, 김일성과 김정일을 각각 조선노동당의 영원한 '수령'과 '수반'으로 명시하였다. 그리고 당 위원장이라는 최고직책을 신설하여 김정은 자신이 그 자리에 오름으로써 당이 핵심적 통치기반임을 분명히 하였다. 당 위원장은 당대회에서 추대하는 중앙위원회 및 모든 위원회와 부서를 총괄하는 직위인데, 이를 김정은이 맡아 전 당의 최고지도자로서의 권위와 위상을 확고히 한 것이다.

김정은 시대 권력의 중심축이 군에서 당으로 이동하였음을 보여주는 가장 상징적인 변화는 국방위원회의 폐지와 국무위원회의 설립이다. 김정은은 제7차 당대회 직후인 2016년 6월 제13기 제4차 최고인민회의에서 헌법개정을 통해 국방위원회를 폐지하고 국무위원회를 신설하였다. 신설된 국무위원회는 국방 분야에 한정되었던 국방위원회 기능을 포함하여 통일·외교·경제분야로 그 기능과 역할이 확대되었다. 국무위원회는 국가 최고 지도기관이자 국정 계획과 정부의 일반정책, 대내외 정책을 심의하는 역할을 하는 헌법상의 심의기관의 역할을 하게 된 것이다. 국무위원회의 신설을 통해 이제 북한의 권력작동방식은 선군이라는 비상통치체제에서 당이 우선이 되는 사회주의 정상국가체제로 돌아왔다고 할 것이다. 권력기구의 개편으로 '선군정치'의 상징이었던 국방위원회는 44년 만에 역사 속으로 사라지고, 국방위원회 제1위원장은 조선민주주의인민공화국 국무위원회 위원장으로 변경되었다.

이러한 변화를 당과 군의 관계라는 관점에서 살펴보면, 김정은 시대 들어 북한은 당 중심의 정상국가로의 국가통치 방식을 전환하겠다는 의지를 분명히 보여주고 있다고 할 수 있다. 국무위원회에 국방건설사업을 비롯한 국가 중요정책을 토의하고 결정한다'는 군사적 임무를 부여하고, 기존의 '선군혁명노선'을 삭제하고 평시가 아닌 전시戰時에 '국가방위위원회를 조직한다'는 부분을 추가하며 비상시 통치를 위한 임시 조직 구성을 명시한 점 등은 모두 당 중심의 정상국가로의 전환을 보여준다.

이처럼 7차 당대회를 기점으로 김정일 시대의 유산인 선군정치와 국방위원회 중심의 국정운영은 당 중심으로 전환되었다. 국방위원회를 대신하여 국무위원회가 국가주권의 행정적 집행기관으로 역할을 하게 되었으며, 당중앙군사위원회는 김정일 시대와 달리 상설 최고군사기관으로 당중앙위원회 아래에서 당의 군사정책을 추진하는 본래의 역할을 하게 되었다.

이후 2019년 4월 헌법 개정을 통해 김정은은 국무위원회를 중심으로 국가의 대표권까지 가지게 되면서 자신으로의 권력 집중을 더욱 공고화하였다. 김정은은 헌법 개정을 통해 공식적으로 선군사상3조과 선군혁명노선59조을 삭제하고 '김일성-김정일주의'로 대체하면서 선대의 군 중심 통치방식과는 거리를 두었으며, 국무위원회 위원장에 재추대되면서 실질적으로 '국가를 대표'하는 직책을 부여받았다. 그동안은 최고인민회의 상임위원회 위원장이 형식적으로 국가를 대표했지만, 이제 국무위원회 위원장이 형식적으로도 실질적으로도 국가를 대표하게 된 것이다.

이처럼 2016년 제7차 당대회 이후 김정은은 국무위원회를 통해 자신으로의 권력집중을 공고화하고, 선군정치를 헌법에서 삭제하여 김일성 시대와는 분명한 선을 그었으며, 당-군 관계에서도 당의 우위를 분명히 하였다. 당을 중심으로 자신의 권력을 공고화한 것이다.

북한의 조선인민군 창군일

2018년부터 북한은 1932년 4월 25일이었던 기존의 조선인민군 창군일을 1948년 2월 8일로 변경하였는데, 군 창군일을 1945년 10월 10일인 당 창건일 이후로 재지정한 것 역시 역사적으로도 당-군 관계의 우선순위를 명확하게 정리하려는 의도로 볼 수 있을 것이다.

김정은 중심의 당-국가체제 강화(2021년 이후)

김정은 시대의 북한은 2021년 1월 제8차 당대회를 계기로 다시 한번 당 중심의 국정운영 체계를 확고하게 하는 의미있는 변화를 하게 된다. 8차 당대회를 통해 또다시 당 규약을 개정하였는데, 이는 1946년 당규약 제정 이후 9번째 개정이며 김정은 시대 들어서는 2012년과 2016년 이후 세 번째 개정이다. 김정은은 8차 당대회를 통해 스스로를 '당 총비서'로 추대하고, 비서국을 복원하여 자신을 중심으로 한 유일영도체계를 강화하였다.

개정 당규약은 '김일성-김정일주의'를 지도사상으로 유지하면서 당 총비서직을 신설하여 '조선노동당의 수반은 조선노동당 총비서'이며, '조선노동당 총비서는 당을 대표하여 전당을 조직령도한다'는 것을 분명히 하였다. 김일성-김정일주의 당으로서의 성격을 유지하면서 이를 당의 최고강령으로 명확하게 제시하는 한편, 김정은을 당의 '수반'으로 명시한 것이다. 그동안 김정은은 김정일을 영원한 총비서로 추대하면서 김정일에 대한 예우 차원에서 총비서 직책을 사용하지 않았으나, 이제 자신에게 총비서 직책을 부여함으로써 김일성. 김정일과 동일한 수령의 반열에 오른 것이다.

당과 군의 관계라는 관점에서 보면, 개정 당규약은 '선군정치'를 공식적으로 삭제했다는 점에서 군에 대한 당의 우위를 분명히 하고 있다. 개정 당규약은 서문에서 사회주의 기본정치방식을 '선군정치'에서 '인민대중제일주의정치'로 변경하고, '선군의 기치'와 같은 용어들도 삭제하였다. 그리고 "조선노동당은 인민의 존엄과 권익을 절대적으로 옹호하고 모든 문제를 인민대중의 무궁무진한 힘에 의거하여 풀어나가며 인민을 위하여 복무하는 정치를 실현한다"고 하여 '인민대중제일주의정치'가 김정은 시대의 통치담론임을 공식화하였다.

또한 군의 성격을 "당의 혁명적 무장력"으로 정의하고 "모든 군사정치활동을 당의 령도 밑에 진행한다"는 내용을 보충하였으며47조, "당의 유일적영군체계"를 "당중앙의 유일적영군체계"로 변경하고 "모든 사업을 당의 군사노선과 정책에 입각하여 조직진행한다"는 항목을 추가하여49조, 군에 대한 당적 지도와 통제의 정당성을 강조하고 있다.

이처럼 당의 최고강령이 '온 사회의 김일성-김정일주의화'임을 명시하면서 사회주의 기본정치방식을 변경한 것은 선대의 사상을 계승하면서도 김정은식 통치노선을 반영한 결과라고 할 수 있다.

8차 당대회를 기점으로 군에 대한 당적지도는 한층 더 강화되는 모습을 보이고 있다. 당중앙군사위원회는 군사지휘권과 국방사업지도권을 장악하여 모든 군 사업과 군 조직을 지도할 수 있는 제도적 기반을 확보한 반면, 인민군 당위원회와 그 집행부서인 당의 총정치국의 위상은 약화되었다. 기존 당규약에는 없던 "인민군 당위원회는 도당위원회 기능을 수행한다"는 항목을 새로 추가하여 인민군 당위원회의 위상을 도당위원회 수준으로 낮추었으며, 인민군 총정치국이 "당중앙위원회 부서와 같은 권능을 갖는다"는 항목도 삭제하여 총정치국의 위상과 권능도 약화시켰다. 2019년 헌법개정을 통해 선군사상과 선군혁명노선을 삭제했던 시도가 이제 선군시대의 대표적인 권력기관인 총정치국의 위상 하락으로 나타난 것이다.

이러한 모든 변화들은 8차 당대회 총화보고에서 김정은이 표명한 "조선노동당화된 혁명적 당군"이라는 표현으로 설명될 수 있다. 김정은은 군에 대한 당적 지도와 통제를 계속 강화함으로써 당의 군대로 만들겠다는 의지를 분명히 표명한 것이다. 이는 김정은의 군권장악을 위해 2010년 제3차 당대표자회에서 신설했던 군 총정치국이 당중앙위원회 부서와 같은 권능을 갖는다는 조항을 삭제하고, 당시 삭제하였던 당중앙군사위원회의 군사지휘권을 다시 복원한 것에서도 잘 나타난다.

결국 8차 당대회와 개정 당규약을 통해 김정은은 최고강령은 유지하면서 사회주의 기본정치방식을 변경하였다. 이는 김일성-김정일 시대의 사상을 계승하는 한편으로 김정은식 통치노선을 투영한 결과이다. 결국 2021년 개정 당규약을 통해 사실상 김정은의 당규약을 완성하였다고 볼 수 있다.

2. 김정은 시대 북한은 어떤 모습인가

김정은 시대 북한의 정치적 변화

북한체제의 정치적 특징을 꼽는다면 첫 번째 가장 중요한 점이 바로 '수령 중심의 유일독재 전체주의' 체제라는 점이다. 앞서 살펴본 바와 같이 북한의 정치체제는 당과 군, 정부와 같은 국가체계 위에 최고지도자인 수령이 군림하는 '수령' 중심의 절대적인 1인 통치구조이다.

이 때문에 북한은 김일성에 이어 김정일, 김정은을 단계적으로 수령이라고 칭하면서 세습된 지도자의 최고지도자로서의 권위를 부여하고 부여받으려고 하고 있다. 2016년 개정된 헌법에서는 김일성과 김정일을 함께 '영원한 수령'이라고 표기하였다. 2016년을 기점으로 김정일에게도 수령이라는 호칭을 부여한 것이다.

이후 2016년 5월 제7차 당대회를 기점으로 김정은에 대해 '위대한 영도자'라는 호칭을 통해 김일성, 김정일과 동일한 수령이라는 지위를 부여하였다. 이후에도 북한은 단계적으로 김정은 중심의 지배구조 강화를 이루어 나갔다. 2019년 4월 개정된 소위 헌법 제3조에서는 주체사상과 선군사상을 대체하여 '김일성-김정일주의'를 국가건설과 활동의 유일한 지도적 지침으로 밝혔다, 그리고 2021년 1월 8차 당대회를 계기로 개정된 당규약에서도 '김일성-김정일주의'를 노동당의 유일한 지도사상으로 규정하였으며, 김정은은 김일성·김정일 시대와 같은 '조선노동당 총비서'에 추대되어 최고지도자로서의 권위를 부여받게 된다.

이처럼 김정은은 단계적으로 자신을 중심으로 한 유일지도체계를 구축하고 있는데, 그 과정에서는 당, 즉 조선노동당이 중요한 역할을 하고 있다.

사실 김정일 시기에는 당의 기능이 상당히 약화되어 있었다. 앞서 살펴보았듯이 사회주의 국가는 공산당이 국가의 모든 기구들보다 우위에 있는 당-국가체제이다. 그러나 김정일 시대 들어서 이른바 '고난의 행군'에 직면하면서, 당보다 군을 앞세우는 선군정치 방식을 통치시스템으로 구축하게 된다. 이는 사회주의권의 붕괴와 김일성의 사망, 자연재해로 인한 대기근 등 대내외적인 어려움에 직면한 김정일의 피할 수 없는 선택이기는 했지만, 사회주의 국가의 기본인 당-국가체제가 약화되는 현상을 가져왔다. 그 결과 김정일 시대에는 당이 제대로 기능과 역할을 하지 못하였다. 당대회 등

당이 주도하는 주요 정치행사들이 한번도 개최되지 못하였으며, 각 사회부문에 대한 당적 통제 기능 및 주민통제 기능이 약화되었다.

이러한 상황에서 정권을 이어받은 김정은은 당 기능 정상회를 통해 자신의 체제를 공고화하는 방식을 택하였다. 이는 김정일과는 다른 방식으로 체제를 통치하면서 자신의 권력을 공고히 하려는 의도가 반영된 것으로 볼 수 있다,

김정은 정권은 초기부터 당 기능 정상화를 통해 체제의 공고화를 추진하였다. 2012년 4월 제4차 당대표자회와 최고인민회의 제12기 5차 회의가 대표적인데, 이 회의를 통해 당 규약과 헌법을 개정하면서 '김일성-김정일주의를 유일지도사상'으로 하고, '온 사회의 김일성-김정일주의화'를 당의 최고강령으로 내세우는 등 김정은 체제의 제도적, 이념적 기반을 갖추게 된다.

또한 김정은은 2013년 6월 '당의 유일적 영도체계 확립의 10대 원칙'을 개정하였는데, 이는 1974년 발표 이후 헌법이나 당규약보다 실질적으로 우선 작동하는 당의 강령인 '당의 유일사상체계 확립의 10대 원칙'을 39년 만에 개정한 것으로 상당한 의미를 가진다고 할 수 있다. 이 '당의 유일적 영도체계 확립의 10대 원칙'은 2021년 2019년 헌법 개정 시 선군정치 내용이 삭제된 것을 반영하여 2021년 일부 재개정되었다. 10대 원칙의 서문에서는 '주체혁명위업, 선군혁명위업'이라는 나열식 표현을 '주체혁명위업'으로 수정하였고, '주체사상과 선군사상'이라는 표현도 '주체사상'으로 통일하였다. 제2조에서는 김정일의 직책을 당총비서와 국방위원장에서 김일성과 같은 수령으로 격상시켰다. 또한 김정일 말씀이라는 표현

도 교시로, '당의 유일적 영도 밑에'를 '당중앙의 유일적 영도 밑에'로 수정하였다.

그리고 2016년 5월 9일 제7차 당대회가 열렸다. 당대회는 노동당의 공식적 최고 의사결정기구로서, 북한 노동당 규약 제23조에는 당대회에서 당중앙위원회의 사업을 총화하고, 당의 강령과 규약을 수정·보충하며 당 노선과 정책 및 전략전술에 관한 기본문제를 토의·결정하며, 당중앙위원회와 노동당 총비서를 선거하도록 규정하고 있다. 사회주의 국가에서 이처럼 중요한 의미를 가지는 당대회가 1980년 이후 무려 36년만에 개최된 것이다. 제7차 당대회를 통해 북한은 당위원장이라는 최고 직책을 신설하고, '조선노동당 위원장'을 "전당을 대표하고 전당을 령도하는 당의 최고령도자"로 규정하였다, 그리고 김정은을 '조선노동당 위원장'으로 추도하였다.

2016년 6월 29일에는 최고인민회의 제13기 제4차 회의를 통해 13차 헌법 개정을 단행하였는데, 이 자리에서는 헌법 개정을 통해 국방위원회를 폐지하고 국무위원회를 신설하였으며, 김정은을 국무위원회 위원장으로 추대하였다.

이러한 점에서 2016년 7차 당대회를 통해 국무위원회를 중심으로 김정은 정권의 집권 2기가 실질적으로 시작되었다로 볼 수 있을 것이다. 그리고 2016년 5월 7차 당대회에서 '조선노동당 위원장'으로 추대된 김정일은 이후 지속적으로 당에 대한 통제력을 약화시켜 나갔다. 그같은 해 6월 열린 최고인민회의 제13기 제14차 회의에서 '국무위원회 위원장' 직에 추대되었으며 이후 당-국가체제는 더욱 강화되게 된다. 이후 2020년 이후에는 '인민대중제일주의'를 내세우면서 김정은 위원장 중심의 체제결속을 강조하였다.

이후 북한은 2021년 당규약 개정을 통해 당대회는 5년에 한번씩 소집하고, 소집 발표는 수 개월 전에 하는 것으로 명문화하였다. 당 중심의 사회주의 정상국가를 작동시키겠다는 의지를 표명한 것이다. 사실 그동안 부정기적으로 진행되어 오던 당대회를 2020년 코로나19 팬데믹, 연이은 태풍 등 자연재해, 국제사회의 대북제재라는 이른바 삼중고三重苦 상황 속에서도 2016년 이후 5년만에 소집하고, 2020년 8월 19일 당 중앙위원회 제7기 제6차 전원회의를 통해 8차 당대회 소집에 관한 결정서를 발표하는 등 절차에 따른 예측가능한 당 운영 움직임을 보여주었다.

2021년 1월 8차 당대회를 통해 북한은 당규약을 개정하여 '김일성-김정일주의'를 강조하고, 사회주의 정치기본방식을 '선군정치'에서 '인민대중제일주의정치'로 변경하였다. 개정 당규약 서문에는 '김일성-김정일주의'를 통치이념을 분명히 내세우고 있다.

2021년 개정 당규약 서문 中

"김일성-김정일주의는 주체사상에 기초하여 전일적으로 체계화된 혁명과 건설의 백과전서이며 인민대중의 자율성을 실현하기 위한 실천투쟁 속에서 그 진리성과 생활력이 검증된 혁명적이며 과학적인 사상이다. … 조선노동당은 온 사회의 김일성-김정일주의화를 당의 최고강령으로 한다."

또한 개정 당규약은 서문에서 “조선노동당의 당면목적은 공화국 북반구에서 부강하고 문명한 사회주의 사회를 건설하며 전국적 범위에서 사회의 자주적이며 민주주의적인 발전을 실현하는데 있으며 최종목적은 인민의 이상이 완전히 실현된 공산주의사회를 건설하는데 있다”고 하면서 당의 목표로 사회주의 사회와 공산주의 사회 건설을 명시하고 있다.

2020년대에 들어 김정은으로의 권력 집중이 더욱 강화되고 있다. 2021년 4월 30일 북한은 「혁명사적사업법」을 제정하였는데, 이 법에서는 김일성, 김정일과 함께 김정은이 개인 우상화 대상으로 처음으로 법적으로 명시되었다. 즉 혁명역사와 혁명업적을 계승·발전시켜야 하는 대상으로 김일성, 김정일과 함께 김정은을 명시하고 있는 것이다. 이 법 제2조에는 “혁명사적사업법은 위대한 수령 김일성 동지와 영도자 김정일 동지, 경애하는 김정은 동지의 영광 찬란한 혁명역사와 혁명업적을 대를 이어 굳건히 옹호고수하며 계승 발전시켜 나가기 위한 성스러운 사업”으로 규정되어 있다.

유일영도체계의 수립의 혁명사적사업의 기본원칙으로 천명하면서, 최근 김정은에 대한 ‘수령’ 호칭이 「노동신문」 등에서 자주 사용되고 있다. 2021년 11월 8일 「노동신문」 정론 ‘관건적인 첫해 전투의 결승선이 멀지 않았다. 필승의 신심드높이 용기백배하여 앞으로!’에는 “우리 당과 혁명의 위대한 수령이신 경애하는 김정은 동지”라는 표현이 등장했으며, 2021년 11월 10일 논설 ‘경애하는 총비서동지의 절대적인 권위는 우리 인민의 자부심이고 영광이다’ 중에서는 “김정은 동지를 수령으로 높이 모신 것은 우리 인민이 받아

안은 사상 최대의 특전이며 대행운"이라는 표현이 등장했다. 그 이후에도 수 차례 김정은을 수령으로 칭하는 표현들이 등장하고 있으며, 2023년 2월 18일에는 "탁월한 수령을 높이 모시어 인민의 존엄 빛난다"는 제목의 기사가 게재되기도 했다.

이처럼 김정은에 대한 수령 호칭이 빈번하게 사용되는 것은 내부적으로 '김정은주의'를 공식화하면서 김정은의 독자적 사상체계 정립을 시작한 것이 아니냐는 평가를 가능하게 한다. 특히 김정은을 '탁월한 사상이론가'로 치켜 세우며 '김정은주의'에 대한 구축을 강화하고 있다. 2022년 10월 25일자 「노동신문」은 '경애하는 김정은 동지는 탁월한 사상이론가로 혁명을 승리로 이끄시는 위대한 수령이시다"라는 제목의 논설에서 "경애하는 김정은 동지의 사상이론은 세기를 밝히는 횃불이고 역사 발전을 견인하는 원동력이며 백승을 안아오는 만능의 보검", "경애하는 김정은 동지의 혁명사상은 김일성-김정일주의의 빛나는 계승이며 심화 발전", "경애하는 김정은 동지의 혁명사상의 본질은 위민헌신을 근본 핵으로 하는 인민대중제일주의" 등의 표현으로 김일성-김정일주의, 인민대중제일주의 등의 표현을 통해 김정은주의를 강조하고 있다.

최근 북한의 군사적 도발 심화

정치적으로 김정은 중심의 유일지배체제를 강화하는 한편으로 군사적으로도 북한은 핵·미사일 도발을 더욱 심화하고 있다.

북한은 2022년 3월 24일 4년 4개월여 만에 대륙간탄도미사일ICBM 시험발사를 성공시킴으로써 2018년 4월 20일 선언한 핵·ICBM 시험을 중단하는 모라토리엄을 철회하였다. 이후 김정은은 2022년 4월 25일' 조선인민혁명군 창건 90돌 경축 열병식' 연설을 통해 "격변하는 정치군사정세와 앞으로의 온갖 위기에 대비하여 ... 핵무력을 최대의 급속한 속도로 더욱 강화·발전시키기 위한 조치들을 계속 취해나갈 것"이라는 입장을 표명하였다. 이후 북한은 '화성-17형' 등 화성 시리즈는 물론이고 극초음속미사일, 초대형방사포 등 다종의 탄도미사일을 발사하면서 군사적 도발을 계속하고 있다.

이후 지금까지 북한은 당 전원회의나 최고인민회의 등을 통해 군사적 조치와 관련된 정책이나 법제를 공고화하며 그 수위를 높여나가고 있다. 2022년 6월 8일부터 10일까지 열린 조선노동당 제8기 제5차 전원회의에서는 건설 및 코로나19 방역과 관련한 상반기 정책집행 성과에 대한 긍정적인 평가와 함께 북한이 처한 대외환경을 평가하면서 이를 극복하기 위한 방안으로 "강대강, 정면승부의 투쟁원칙"을 선언하고, 공화국 무력과 '국방연구부문'의 과업을 제시하였다. 그리고 같은 해 9월 8일 열린 최고인민회의 제14기 제7차 회의에서는 「조선민주주의인민공화국 핵무력 정책에 대하여」를 법령으로 채택하여, 헌법에 핵보유국을 명기한 지 10년 만에 핵 선제 공격을 명문화한 핵무력 정책을 법제화하였다. 그리고 같은 날 시정연설에서 김정은은 "이번 법제화로 핵보유국 지위가 불가역적인 것이 됐다"며 "절대로 먼저 핵 포기란, 비핵화란 없다"고 강조하여, 국제사회의 우려를 불러일으키기도 하였다. 2022년 연말 조선노동당 제8기 제6차 전원회의2022.12.26.~12.31.에서 김정은은 2022년을 "국가존망을 판가리하는 위험천만하고 급박한 고비들"이라고 평가하면서, 이를 극복하는 방안으로 "자위적 국방력 강화에 박차를 가할데 대한 중대한 정치적 결단"을 제시하였다. 한국을 '명백한 적'으로 규정함과 함께 '대적 투쟁'을 언급하여, 국방력 강화와 함께 대미·대남·대적 행동의 메시지를 적극적으로 표출한 것이다. 그리고 남한과 적대적 상황에서 전술핵무기 대량생산과 핵탄보유량의 기하급수적 증가를 기본 중심방향으로 하는 '2023년도 핵무력 및 국방발전의 변혁적 전략'을 제시하였다.

2023년에도 북한의 군사적 조치는 한 단계 더 강경한 모습을 보였다. 최고인민회의 제14기 제9차 회의2023.9.26.~9.27.에서는 헌법 개정을 통해 핵무력 정책을 헌법에 명기하였다. 최고인민회의에서 북한은 헌법 58조를 "책임적인 핵보유국으로서 나라의 생존권과 발전권을 담보하고 전쟁을 억제하며 지역과 세계의 평화와 안정을 수호하기 위하여 핵무기 발전을 고도화한다"는 내용으로 개정하였는데, 이는 앞으로도 핵무장을 고도화하고 핵전력을 운영할 것을 분명히 한 것이다. 그리고 김정은은 최고인민회의 연설을 통해 "공화국 정부는 나라의 기강을 강하게 세우고 온 사회에 훌륭한 공산주의적 국풍을 수립"하라는 이데올로기적 투쟁 과업을 제시하였다. 이는 사회주의의 전면적 건설을 넘어 공산주의를 재차 강조하면서 새로운 이데올로기적 투쟁 과업을 제시한 것이라 할 수 있다.

이에 더 나아가 2023년 연말 조선노동당 제8기 제9차 전원회의2023.12.26.~30.에서 김정은은 한반도에 두 개의 국가가 존재함을 공식적으로 천명하였다. 그동안 남북관계가 1991년 체결된 「남북기본합의서」에 따라 '나라와 나라 사이의 관계가 아니라, 통일을 지향하는 잠정적 특수 관계'로 서로를 인식하고 있었지만 이제 그러한 특수성을 부정한 것이다. 김정은은 전원회의에서 한국의 보수나 진보 정권은 모두 '대북정책'이나 '통일정책'의 이름으로 사실은 '흡수통일'이나 '정권붕괴'를 추구해 왔으므로 자신들의 "하나의 민족, 하나의 국가, 두 개 제도에 기초한 조국 통일노선"과 충돌한다고 주장하며, "북남관계는 더 이상 동족관계, 동질관계가 아닌 적대적인 두 국가 관계, 전쟁 중에 있는 두 교전국 관계로 완전히 고착됐다"고 하였다. 그리고 "유사시 핵무력을 포함한 모든 물리적 수단과 역량을 동원하여 남조선 전 영토를 평정하기 위한 대사변 준비"를 강조하면서 핵무력에 의한 '남한 전 영토 평정' 언급하기도 했다. 김정은은 단순히 강경 발언만 한 것이 아니라, 제도적 조치까지도 요구하여, 당중앙위원회 통일선전부를 비롯한 대남사업부문의 기구들을 정리, 개편하기 위한 대책을 세우며 근본적으로 투쟁원칙과 방향을 전환해야 한다"고 강조하였다. 또한 지금까지 북한 헌법에서 명시하지 않았던 영토 조항을 헌법에 신설하고 유사시 "대한민국을 완전히 점령, 평정, 수복"하여 북한 영토에 편입시키는 문제도 헌법에 반영하도록 주문하였다. 그러면서 2024년의 과제로 국가경제발전 5개년 계획2021~2025과 핵무력 정책의 추진을 점검하고, 그 연장선상에서 핵무력 고도화와 국방력을 발전시키기 위한 과제를 우선순위로 강조하였다.

2024년 1월 제14기 제10차 최고인민회의에서 김정은은 시정연설을 통해 남북관계를 '교전 중인 국가관계'로 규정하면서, 통일노선의 전면 전환을 선언했다. 김정은은 시정연설에서 "오늘 최고인민회의에서는 근 80년간의 북남관계사에 종지부를 찍고 조선반도에 병존하는 두개 국가를 인정한 기초우에서 우리 공화국의 대남정책을 새롭게 법화하였"다면서, "쓰라린 북남관계사가 주는 최종결론은 《정권붕괴》와 《흡수통일》을 꿈꾸면서 우리 공화국과의 전면대결을 국책으로 하고있고 나날이 폐악해지고 오만무례해지는 대결광증 속에 동족의식이 거세된 대한민국족속들과는 민족중흥의 길, 통일의 길을 함께 갈 수 없다"고 말했다. 또 김정은은 「7.4 남북공동성명」을 포함해서 지난 시기 모든 남북 합의를 폐기할 것을 지시했는데, 이러한 조치들은 더 이상의 통일논의를 하지 않겠다는 의지를 표명하면서 남북대화 기반 자체를 해체해 버리는 것이었다. 최고인민회의는 조국평화통일위원회, 민족경제협력국, 금강산국제관광국과 같은 남북협력을 위한 주요 기구들을 폐지하기로 결정했으며, 김정은은 시정 연설을 통해 경의선 북측구간 해체와 '조국통일3대헌장기념탑' 철거까지 명령하였다. 이에 따라 김일성의 통일유훈의 상징인 '조국통일3대헌장기념탑'이 즉각적으로 철거되었으며, 대남기구인 통일선전부와 남북 해외운동단체인 범민련 등이 해체되었다. 2024년 3월에는 70여년의 역사를 가진 조국통일 단체인 '조국통일민주주의전선'조국전선이 공식적으로 해체되었다.

북한은 2024년 6월 평양에서 열린 북러 정상회담에서 러시아와 상호 군사지원 조항제4조을 포함한 「포괄적인 전략적 동반자 관계에 관한 조약」을 체결했으며, 2024년 10월에는 우크라이나 전쟁에 병력을 파병했다. 북한의 파병은 국제사회의 제제와 고립 속에서 유일한 우방국인 러시아로부터의 외교, 국방, 경제 등 다양한 분야의 지원을 공고히 하려는 의도라고 할 수 있다.

2025년 들어 북한은 외교무대를 통해 국제사회에 존재감을 과시하고 있다. 9월 3일 중국 전승절 80주년 열병식에서 김정은은 시진핑 중국 국가주석, 푸틴 러시아 대통령과 나란히 텐안먼 망루에 올라 66년 만에 북중러 최고지도자가 공식 석상에 함께 모인 모습을 보여주었을뿐 아니라, 전승절 행사부터 열병식 관람을 마칠 때까지 시진핑 중국 국가주석의 왼편에 자리 잡으며 최고 예우를 받는 모습을 보여 주었다. 또 10월 10일에는 노동당 창건 80주년을 맞아 김일성광장에서 대규모 열병식을 개최하며 중국, 러시아는 물론이고 베트남, 라오스, 인도네시아, 니카라과 등의 외국 지도자들을 대거 초청하였다. 김정은은 열병식을 통해 중국 서열 2위 리창 국무원 총리와 드미트리 메드베데프 러시아 국가안보회의 부의장, 베트남 최고지도자 또럼 공산당 서기장 등이 참석하는 다자 외교무대를 연출하면서 국제 외교무대로의 복귀의지를 내보였으며, 이 자리에서 대륙간탄도미사일ICBM '화성-20형'을 비롯한 신형 첨단 무기들을 과시하면서 국제사회에 존재감을 드러내었다.

3. 다른 사회주의 국가들처럼 북한체제도 변화할 수 있을까

이미 앞에서 우리는 북한의 정치적 변화와 경제적 변화를 알아보았다. 분명 과거의 북한과 현재 김정은 시기 북한은 다른 모습을 보여주고 있다. 문제는 이러한 변화의 방향이 우리에게 어떤 영향을 주는가이다. 더 구체적으로 말하면 경제적 개혁·개방의 길로 나아가 정치체제까지 유연하게 변화하고 있는 다른 사회주의 국가들에 비추어 볼 때 북한 역시 유의미한 변화를 가져올 수 있는지가 중요한 것이다.

우리는 여전히 북한에 대해 양극단의 상반된 시각을 가지고 있다. 한편으로는 식량난과 에너지난 등 각종 경제적 어려움에 시달리고 있는 낙후된 경제를 떠올리기도 하고, 다른 한편으로는 평양의 현대적 외관이나 핵실험과 군사도발을 지속할 만큼 어느 정도 안정적인 체제 유지를 하고 있다고 생각되기도 한다.

이 상반된 두 모습 모두 북한의 현실일 것이다. 그렇다면 북한의 현실을 이해하고 미래를 전망하는데 있어 우리는 어떤 관점을 가져야 할까? 북한체제의 변화를 이해하는데 있어 가장 중요한 점은 북한의 변화에 대해 과정으로서의 관점이 중요하다는 것이다. 즉 북한은 한순간에 변화하는 것이 아니라 정치적, 경제적으로 지속적인 변화와 전환의 과정을 밟고 있다. 따라서 우리는 유사한 경험을 가졌던 다른 사회주의 체제전환 국가들과의 비교를 통해서 북한의 정치, 경제적 변화 양상을 전환의 관점으로 이해하는 것이 중요할 것이다.

북한의 변화를 과정이라는 관점에서 바라보고 북한 내부의 전환 과정에 초점을 맞추는 것은 북한을 제대로 이해하고 대북정책을 수립하는데 기본적인 중요한 요소일 것이다.

사회주의 체제전환의 이론과 유형

사회주의 국가의 체제전환은 정치체제와 경제체제 중 어느 곳에 변화의 중심을 두느냐에 따라 이중전환dual transition과 단일전환mono transition으로, 체제전환의 속도와 범위에 따라 급진주의와 점진주의라는 두 가지 유형으로 구분할 수 있다.

각 유형들의 특징을 조금 더 자세히 살펴보자. 1980년대 말부터 1990년 초에 걸쳐 붕괴된 소련 및 동구 사회주의 국가들과 같은 선진 사회주의 국가들의 경우 경제적 개혁·개방은 정치개혁과 동시에 이루어지거나 급진적 방식으로 이루어졌다. 즉 단기간에 모든 조치들이 동시적으로 강도 높은 수준으로 빠른 속도로 진행하여 최대한 빠르게 시장경제로 전환한 것이다.

반면 현재까지 사회주의 정치체제를 유지하고 있는 중국이나 베트남과 같은 국가들은 현재 어떤 모습인가. 이들은 사회주의 정치체제를 유지하면서 경제체제만 점진적으로 시장경제를 받아들였다. 이들은 단계적으로 사유화를 추진하면서 상당한 기간 동안 사적기업과 시장제도의 도입, 국가기업의 점진적 사유화를 이루어냈다. 점진적 개혁이 부정적 효과를 최소화할 수 있다고 본 것이다.

이처럼 사회주의 국가의 체제전환은 크게 두 가지 유형으로 구분할 수 있다. 첫 번째 유형은 소련과 동유럽 사회주의 국가들과 같이 정치체제와 경제체제를 동시에 전환하는 이중전환, 급진적 체제전환 유형이며, 두 번째 유형은 중국, 베트남과 같이 정치체제를 유지하면서 경제체제만 점진적으로 전환하는 단일전환, 점진적 체제전환의 유형이다. 두 번째 유형인 점진적 체제전환 국가들은 현재까지도 사회주의 정치체제를 유지하면서 경제적으로는 자본주의 시장경제체제를 도입하고 있다.

구분	이중전환, 급진적 체제전환	단일전환, 점진적 체제전환
대상	소련, 동구 사회주의 국가 - '선진 사회주의 (developed socialism)'	중국, 베트남 - '개발도상의 사회주의 (developing socialism)'
전환 시기	1989~1991년	중국: 1978년 개혁개방 베트남: 1986년 도이머이
특징	정치개혁과 동시 혹은 급진적으로 경제개혁 실시	정치체제를 유지하면서 경제체제만 점진적으로 전환
정치체제 변화	공산당 일당제 → 다당제 민주주의	공산당 일당제 유지
경제체제 변화	계획경제에서 시장경제로 급격한 이행 → 충격 요법(shock therapy)	계획경제 유지하되 점차 시장원리 도입 → '사회주의 시장경제'
사유재산 인정	급격한 허용, 민영화 · 사유화 확대	점진적 허용, 국유기업 개혁과 병행

사회주의 체제 전환의 두 가지 유형

그렇다면 과연 중국이나 베트남은 사회주의 국가인지 아닌지에 대한 의문이 들 수밖에 없다. 사회주의 국가의 체제전환을 연구한 헝가리 연구자 코르나이J. Kornai는 처음에는 정치적 영역과 경제적 영역의 변화가 모두 완성되어야 사회주의 국가의 체제전환이 이루어졌다고 볼 수 있다는 입장을 취했다. 그에 의하면 사회주의 체제의 권위구조나 이데올로기의 퇴조는 기존의 사회주의 정치체제의 정당성이 약화되는 것을 의미하며, 소유권의 인정이나 경제 분야에서의 국가통제의 완화는 경제체제의 본질적 속성이 변화하는 것을 의미하기 때문에, 사회주의 체제의 근본적인 변화는 결국 정치체제의 전환으로 인해 이루어진다는 것이다. 즉 정치체제와 경제체제가 동시에 변화해야 한다고 본 것이다.

이런 점에서 코르나이는 사회주의 체제전환의 단계를 고전적 사회주의, 개혁 사회주의, 사회주의 체제전환이라는 세 단계로 구분하고, 이 중 개혁사회주의를 세분화하여 시장화, 사유화, 자유화민주화의 세 단계로 구분하였다. 이 개혁사회주의의 세 단계가 사실상 사회주의 국가의 체제전환 단계를 의미하는데, 첫 번째 단계인 시장화는 기업과 경제구조 전반이 점차적으로 시장조정 매커니즘으로 대체되는 단계를 의미하며, 두 번째 단계인 사유화는 사적재산권을 인정하는 사실상 시장경제의 도입단계를 의미한다. 그리고 마지막 단계인 자유화는 시장친화적 정치권력이 등장하는 단계를 의미한다. 정치적 자유화의 확대는 사회주의 체제의 근본적 속성인 공산당 일당독재와 이데올로기의 소멸을 가져오기 때무에 결국 시장친화적인 정치권력을 가져오게 된다는 것이다.

이처럼 사회주의 체제전환에 대해 처음에는 정치체제와 경제체제가 함께 변화해야 한다고 본 코르나이는 이후 연구에서 중국과 베트남의 경우를 사회주의 체제전환의 새로운 유형으로 분류하면서, 체제전환 과정에서 여러 유형이 존재하고 있음을 인정하고 있다. 체제전환의 개념을 좀 더 유연하게 해석할 필요가 있다고 본 것이다.

즉 오늘날 중국이나 베트남의 사례에서 보듯 정치적으로는 사회주의가 유지되고 있더라도 경제적으로 자본주의적 시장경제원리로 사회가 운영되고 있다면 이미 사회주의 체제전환이 진행되고 있는 것으로 보아야 할 것이다. 왜냐하면 이들 국가에서는 이러한 시장경제의 변화가 정치체제를 위태롭게 하기보다는 오히려 정치체제의 안정적 유지에 기여하고 있기 때문이다. 중국과 베트남은 매년 눈부신 경제성장과 함께 세계경제의 주요 주체로 역할하고 있으며, 그럼에도 불구하고 중국과 베트남의 사회주의 정당들은 역시 그들의 권력을 강고하게 유지하고 있는 것이다. 이런 점에서 이들 국가들에게 자본주의 경제체제는 더 이상 사회주의 체제를 위태롭게 하는 것이 아니라 오히려 공산당의 권력을 안정적으로 유지하는데 결정적인 역할을 하고 있는 것이다.

이처럼 사회주의 시장경제로의 전환을 체제전환으로 본다면, 체제전환의 단계는 크게 다음과 같은 네 단계로 구분할 수 있을 것이다. 이 관점에서는 시장화의 단계를 거친 사유화의 단계는 이미 경제적 영역에서 사회주의 경제의 중요한 특징인 국가주도의 조정 매커니즘의 성격을 상실한 상태이며, 이후 정치적 영역에서 일어나는 부분적인 자유화는 새로운 유형의 사회주의 시장경제 유지에 도움을 주고 있다.

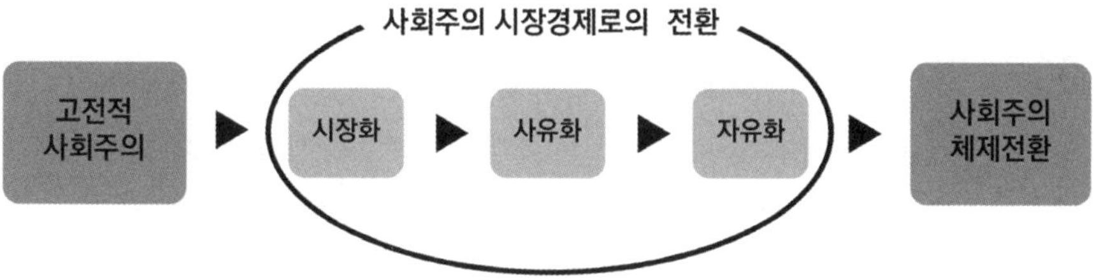

사회주의 체제 전환 단계

사회주의 국가들의 체제전환을 이해하는데 또 한가지 유념해야 할 점은 언제든 다시 그 상황은 역으로 변화할 수 있다는 점이다. 헝가리나 폴란드, 체코와 같은 동유럽 사회주위 국가들은 현재 정치적으로도 민주주의 체제를 유지하고 있지만, 러시아의 경우에는 1989년 이후 시장경제와 의회민주주의를 도입하였음에도 불구하고 2000년 푸틴 집권 이후 에너지 등 주요 사업을 다시 국유화하는 등 사회주의적 성격을 다시 보이고 있기도 하다. 또 2022년 2월에는 우크라이나를 침공하면서 정치적 변화가 쉽지 않음을 보여주고 있다.

이러한 점은 중국, 베트남의 경우도 마찬가지이다. 중국의 경우 경제적으로는 시장경제를 받아들이면서 자본주의화하고 있지만 정치적으로는 여전히 공산당 일당독재를 추진하고 있으며, 최근 시진핑이 3연임에 성공하는 등 오히려 사회주의 정치체제를 더욱 공고화하고 있다.

구분	중국	베트남
체제 전환 시기	1978년 덩샤오핑의 '개혁개방' 시작	1986년 '도이머이(Doi Moi)' 정책 선언
전환 배경	마오쩌둥 사후 극심한 경제난 및 문화대혁명 실패	장기 전쟁 후 경제난 및 식량난, 중앙계획경제의 실패
지도 이념	'사회주의 시장경제' (Socialist Market Economy)'	'시장지향 사회주의' (Socialist-oriented Market Economy)
지도부 성격	강력한 중앙집권, 당의 통제 유지	당의 통제는 유지하되 보다 실용주의적 접근
경제개혁 방식	시범 지역부터 개방 후 전국 확대	전국적 개방 동시 추진하되 조심스러운 접근
산업 개혁 방식	국유기업의 자율성 확대, 민간기업 허용	국영기업 개혁, 민간부문 확대와 외자 유치 강화
외자 유치 방식	경제특구(SEZ) 중심의 외국자본 유치	외자법 제정 및 다양한 자유무역지대 설립

중국과 베트남의 사회주의 체제전환 비교

북한의 체제전환 가능성과 현 단계

사회주의 체제전환이라는 관점에서 북한의 현재 모습을 어떻게 이해할 수 있을까.

앞에서 살펴본 북한의 정치적 변화, 경제적 변화의 모습들을 종합해 보면 북한은 아직 다른 어떤 사회주의 국가보다도 강고한 사회주의 정치체제, 경제체제의 모습을 유지하고 있지만, 일부 부분에서는 시장을 활용한 기업 자체의 계획을 부분 인정하는 분권적 조치를 취하고 있기도 하다. 2014년 '5.30 조치'를 통해 '사회주의기업책임관리제'를 도입하였으며, 「사회주의 기업소법」을 여러 차례 개정하면서 공장과 기업소의 자율적 운영범위를 확대하고 있는 것이다. 즉 현재 북한의 경제체제는 제도상 사회주의 소유제도와 계획경제 시스템을 유지하고 있지만, 현실 경제에서는 시장화 현상이 확대되어 계획과 시장이 병존하는 이중구조의 특징을 나타내고 있다고 할 수 있는 것이다.

북한은 최근 일부 역행의 모습이 나타나고는 있지만, 현재 체제전환의 첫 단계인 '시장화' 단계와 다음 단계인 '사유화'의 모습들이 부분적으로 나타나고 있다고 할 수 있다. 북한의 시장화는 1990년대 생존을 위한 일시적 시장화로부터 시작되었으며, 김정은 시대 들어 시장화와 부분적 사유화의 모습들이 일상화되고 제도화되고 있다. 현재 여러 분석들을 종합하면 2022년 기준으로 약 414개의 시장이 운영되고 있는 것으로 추정되고 있다.

주목해야 할 점은 북한이 '시장화'라는 경제조정 메커니즘 영역에서의 변화뿐 아니라 '사유화'라는 소유권 영역에서의 변화에 대해서도 종전보다 유연한 태도를 보이기 시작하고 있다는 점이다. 즉 식당, 상점, 소규모 공장, 버스 등 사실상 개인 소유의 기업에 대해 개인 사업체로서의 자율성은 최대한 보장하면서 국가 명의를 대여해서, 즉 사회주의 경제 내에서 부분적인 합법성을 보장하면서 사실상의 세금을 수취하고 있는 것이다.

이러한 현실을 종합해 볼 때 북한의 현재 경제상황, 특히 북한에서의 자연발생적인 시장화는 체제전환 단계 중 시장화, 사유화 단계가 상당부분 진행중에 있다는 것을 의미한다 하겠다. 이러한 점에서 북한에서의 개혁은 중국에서의 위로부터의 개혁과는 확연히 구분되며 베트남과 더욱 유사성을 가지지만, 베트남의 경우 아래로부터의 개혁을 국가 차원에서 공식화하고 제도화하는 과정을 거친 데 반해, 북한의 경우에는 자생적 시장의 '암묵적 용인'이라는 형태로 베트남보다 소극적이고 비공식적 형태로 사실상의 경제변화가 진행되고 있는 것이다.

하지만 최근에는 중앙집권적 무역시스템을 복원하고, '내각책임제'를 통한 중앙집권적 기업경영관리 등 사회주의 경제관리 원칙 준수를 강조하는 모습도 나타나고 있다. 이러한 역행의 모습은 정치적 변화와도 연결되어 있는 것으로 북한은 정치적으로는 최근 들어 김정은으로의 권력 집중을 더욱 강화하고 있으며, 모라토리엄을 철회하고 군사적으로도 강경한 태도를 보이고 있다. 김정은을 '수령'으로 칭하고 내부적으로 '김정은주의'를 공식화하는 모습이라든지, 2023년 9월 헌법 개정을 통해 핵무력 정책을 헌법에 명문화한 것 등이 그것이다.

그렇다면 우리는 북한의 체제전환 과정을 어떻게 전망할 수 있을까. 결국 긴 호흡에서 볼 때 북한도 다른 사회주의 국가들과 마찬가지로 그 속도와 범위는 차이가 있지만 점진적 체제전환의 길에 들어서 있다고 볼 수 있다. 하지만 최근 북한은 사회주의 경제체제의 구조적 모순과 핵개발로 인한 대북제재의 영향으로 경제적 어려움이 심화되고 있으며, 군사적으로도 더욱 강경한 태도를 취하고 있다. 특히 4대 세습 의지를 드러냄으로써 정치적 권력집중은 더욱 심해질 것으로 보인다.

이처럼 우리는 앞으로도 정치적 자유와 경제발전의 수준을 기준으로 봤을 때 과연 북한이 앞으로 어떤 유형의 전환 과정으로 진행되고 있으며, 진행될 것인지 지켜볼 필요가 있을 것이다. 과연 북한은 동구 사회주의 국가들처럼 급격한 체제전환 과정을 거칠 것인지, 아니면 중국이나 베트남과 같은 길을 택할 것인지, 그것도 아니면 북한식의 제3의 체제전환 과정을 거칠 것인지를 지켜볼 필요가 있다. 북한의 그러한 체제전환 과정은 한반도 상황과 남북관계에 직접적 영향을 미치기 때문에 항상 관심을 가지고 지켜봐야 할 것이다.

일곱 번째 - 함께 톺아보기

핵무력 정책의 법제화 및 헌법 명기의 의미에 대해 생각해 보자.

최근 북한의 통일정책 변화의 이유에 대해 생각해 보자.

사회주의 체제전환이라는 관점에서 볼 때 북한의 현 상태는 과연 어느 수준이라고 평가할 수 있을지 생각해 보자.

[색인]

ㄱ

ㄴ

ㄷ

ㅅ

ㅇ

ㅈ

ㅊ

ㅍ

ㅎ